ADAC
Reiseführer

Irland

von Herbert Becker

Intro

Unterwegs

Die Westküste – wo Europa endet 75

Der Nordwesten – Wind, Torf und Lachse 106

Nordirland – Burgruinen, Basaltgestein und Belfast 114

Irland Kaleidoskop

Karten und Pläne

☐ Service

Irland aktuell A bis Z 125

Sprachführer 135

Register 140

Leserforum

Die Meinung unserer Leserinnen und Leser ist wichtig, daher freuen wir uns von Ihnen zu hören. Wenn Ihnen dieser Reiseführer gefällt, wenn Sie Hinweise zu den Inhalten haben – Ergänzungs- und Verbesserungsvorschläge, Tipps und Korrekturen – dann kontaktieren Sie uns bitte:

Redaktion ADAC Reiseführer
ADAC Verlag GmbH
Am Westpark 8, 81365 München
Tel. 089/76 76 41 59
verlag@adac.de
www.adac.de/reisefuehrer

Irland Impressionen

Die Insel, die der Seele guttut

Es muss einen Grund haben, dass sich nahezu alle, die die ›Grüne Insel‹ einmal bereist haben, fortan als Irland-Liebhaber bezeichnen. Vermutlich liegt es daran, dass ihre Erwartungen nicht nur erfüllt, sondern übertroffen werden. Denn Irland ist bei Weitem vielseitiger, als es – vom Kontinent aus betrachtet – scheint: Die historischen Denkmäler aus vorgeschichtlicher Zeit sowie aus der christlichen Epoche machen es zu einer ungeahnt reichen **Kulturlandschaft**. Die Küsten und Berge, Seen und Flüsse, Weiden und Moore sind von jenem Reiz, der die Seele ebenso anspricht wie das Auge.

Landschaften voller Kontraste

Die Oberflächenform der Insel wird gelegentlich mit der einer Schüssel verglichen: Berge, die zum Meer hin steil abfallen, umschließen eine Ebene im Landesinneren. Dieses zentrale Tiefland ist der landwirtschaftlich am stärksten genutzte Teil Irlands. Es wird vom *Shannon*, dem längsten irischen Fluss, durchschnitten. Dank seines geringen Gefälles bildet er zahlreiche Seen und Seitenarme – ein **Dorado** für Freizeitkapitäne. Aber auch abseits des Shannon hat die von Steinmauern und Hecken durchzogene *grüne Ebene* der Central Lowlands unbedingt ihren Reiz. Mehr Abwechslung bieten die *zerklüfteten Küsten* der Counties Kerry oder Galway und die *wilden Gebirgslandschaften* der Wicklow, Galtee oder Antrim Mountains. In den Grafschaften Mayo und Donegal beherrschen ausgedehnte *Torf- und Heideflächen* die Stimmung; die Palette der Farben, die von üppigem Grün bis zu erdigem Braun reicht, ist von wundervoller **Harmonie**. Lebhafter geht es an den kilometerlangen *Sandstränden* des Südostens zu, der sonnigsten Gegend der Insel. Wiederum ganz andere Eindrücke hinterlassen die *subtropische Vegetation* des sogenannten tiefen Südens und die *geologischen Wunder* des Nordens.

Unten links: *In der lieblichen Landschaft des Glen of Aherlow in den Galtee Mountains zur Zeit der Rhododendronblüte*
Oben: *Killybegs ist einer der wichtigsten Fischereihäfen der Republik Irland*
Unten: *Viele Grabsteine auf irischen Friedhöfen haben die Form von Hochkreuzen*

Der Paddy – ein lieb gewonnenes Klischee

›Der Ire‹ ist rothaarig, trinkfest und heißt Paddy. Soweit das Klischee. Bleibt anzumerken, dass es auch blonde Iren namens Paul gibt, die Tee bevorzugen. ›Der

Ire‹ ist – nicht anders als ›der Bayer‹ – ein Produkt jahrtausendelanger Begegnung und Vermischung verschiedener Kulturen und Gene.

Nur wenig ist über die frühen Menschen bekannt, die in mehreren Einwanderungswellen auf die Insel kamen. Ihre Nachkommen gingen im keltischen Volk der *Gälen* auf, das in den letzten vorchristlichen Jahrhunderten einwanderte. Die **Kelten** brachten nicht nur das Eisen mit, sondern auch eine neue Religion. Ihre Priester, die Druiden, scheinen große geistliche und weltliche Macht besessen zu haben. Es bleibt ein Rätsel, warum das *Christentum* in der von ihnen bestimmten Gesellschaft so schnell Fuß fassen konnte. Die Iren nahmen die christliche Lehre offenbar geradezu begierig auf, und viele der Neugetauften gingen ihrerseits mit großem Enthusiasmus ›um Christi willen in die Fremde‹, um zu missionieren. Gut 1000 Jahre nach den Kelten kamen die **Wikinger**. Sie werden gewöhnlich als die großen Zerstörer betrachtet, denn ihren Raubzügen fielen zahlreiche

Klöster und Siedlungen zum Opfer. Doch sie gründeten auch Städte, belebten den Handel, brachten wiederum neue Ideen mit, neue Techniken und Kunststile – und verschmolzen schließlich mit der eingesessenen Bevölkerung. Im 12. Jh. gewannen die *Normannen* die Herrschaft über den größten Teil Irlands, doch schon bald begannen auch sie, Sprache und Lebensgewohnheiten der Iren anzunehmen.

Aber ›der Ire‹ ist nicht nur ein Produkt jahrtausendelanger Völkervermischung, auch die schweren Prüfungen, die seine

Unten links: *Der irische Landwirt ist nicht mehr der biedere Bauer von einst*
Oben: *Muiredach's Cross – eines der bedeutendsten irischen Hochkreuze*
Oben rechts: *Sonnenanbeter in Allihies, einem typischen Dorf im Südwesten Irlands, an der schönen Ballydonegan Bay*
Unten rechts: *Auf der Halbinsel Dingle – Wanderparadies mit weiter Aussicht*

Geschichte ihm abverlangte, haben den Nationalcharakter geprägt. *England* holte aus der Kolonie vor seiner Haustür heraus, was herauszuholen war. Noch während der Jahre der bittersten Hungersnot, als eine Kartoffelkrankheit die Not leidende Bevölkerung ihrer Ernährungsgrundlage beraubte, gingen die Lebensmittelausfuhren unvermindert weiter. Millionen von Iren wanderten aus, flohen vor Unterdrückung und Hunger. Das Land verlor einen großen Teil seiner Einwohner, Dörfer und Städte verfielen.

Traditionen und Moderne

In einer Zeit, zu der in anderen Ländern eine rasante industrielle Entwicklung stattfand, verharrte Irland in ländlicher Armut, bewahrte aber auch viele alte Traditionen, die man anderswo über Bord warf. Irische Sprache und irisches Brauchtum, Mythen, Musik und Erzählkunst überdauerten – nicht selten im Untergrund. Gerade weil die Menschen unterdrückt waren und Not litten, war es für sie wichtig, ihre Kultur – und damit ihre *Iden-*

tität – nicht zu verlieren. Erst in den letzten Jahrzehnten setzte auch in Irland ein **rapider Wandel** ein. Paddy ist von seiner reetgedeckten Hütte in ein Haus mit Zentralheizung umgezogen und hat den Esel gegen ein Auto eingetauscht. Er tut nicht mehr alles, was der Pfarrer predigt, dessen Wort unlängst noch Gesetz war. Sogar die Geburtenrate, die dank der Lehren der katholischen Kirche lange Zeit äußerst hoch war, gleicht sich allmählich derjenigen mitteleuropäischer Länder an. Doch Irland hat nach wie vor eine sehr junge Bevölkerung – und gerade die Jugend will längst nicht mehr auf die **Errungenschaften der Moderne** verzichten, sie ist vom Leuchten der großstädtischen Neonlichter stärker angezogen als vom Glimmen des Torffeuers.

Oben links: *Quin Abbey, eine der zahlreichen Klosterruinen Irlands*
Unten links: *Männersache – ein Schwatz unter Fischern im Hafen von Cobh*
Oben rechts: *Zuschauer beim Pferderennen – ein bei allen Volksschichten beliebtes Spektakel*
Unten rechts: *Selbst gestochener Torf brennt immer seltener in irischen Kaminen*

Insbesondere der wirtschaftliche Aufschwung, der in den 90er-Jahren des 20. Jh. einsetzte und bis heute andauert, hat der Insel ein neues Gesicht gegeben. Während die Iren früher ihre Heimat auf der Suche nach Arbeit verließen, kehren sie nun zurück. Stark ausgebaut wurde u. a. der Tourismussektor. Der hohe Hotelstandard und ein vielgestaltiges Freizeitangebot machen Irland zu einem idealen **Ferien- und Reiseland**. Dem Besucher steht von der familiären *Bed & Breakfast-Pension* bis zum luxuriösen *Schlosshotel* ein breites Spektrum an Unterkünften zur Verfügung. Das Aktivsportangebot ist gewaltig: Ob Reiten oder Segeln, Golfspielen oder Angeln, Bergsteigen oder Wandern – Irland bietet mannigfaltige Möglichkeiten. Zudem besinnen sich die Iren auf Traditionen, die vom Aussterben bedroht schienen: Wie anno dazumal erklingt die irische Harfe, und der irische Tanz hat Hochkonjunktur auf den Bühnen der Welt. Der gelegentlich kommerzielle Charakter der Veranstaltungen verhindert eines nicht: Die Iren haben ebenso viel Spaß daran wie ihre Gäste.

Der Reiseführer

In diesem Band wird Irland auf einer Route rund um die Insel in *sechs Kapiteln* vorgestellt. Auf besondere Höhepunkte, etwa bei Hotels, Restaurants und Pubs, Landschaften, Monumenten oder Klosterbezirken, verweisen die **Top Tipps**. Den Besichtigungspunkten sind jeweils **Praktische Hinweise** mit den Adressen von Tourismusbüros, Hotels und Restaurants sowie andere hilfreiche Informationen angegliedert. Die Orientierung erleichtern detaillierte **Übersichtskarten**, **Stadtpläne** und **Grundrisse**. Abschließlich informiert **Irland aktuell A bis Z** über Anreise, Essen und Trinken, Feste und Feiern sowie Sportmöglichkeiten, Unterkunft und Verkehrsmittel etc. Hinzu kommt ein umfassender praktischer **Sprachführer**. Das **Kaleidoskop** rundet den Reiseführer mit Kurzessays ab.

Geschichte, Kunst, Kultur im Überblick

Kelten gegen Wikinger, Normannen gegen Iren – und Hoffnung auf eine friedliche Zukunft

ab 7000 v. Chr. Erste Besiedlung Irlands durch ein Jäger-, Fischer- und Sammlervolk unbekannter Herkunft.

ca. 4000–3000 v. Chr. Aus dem Westen Kontinentaleuropas wandert ein Volk ein, dessen bedeutendste Hinterlassenschaft jungsteinzeitliche Megalithgräber sind, deren Anlage auch astrologische Kenntnisse verrät.

ca. 2500–2000 v. Chr. Neue Einwanderer bringen die Kunst der Metallverarbeitung nach Irland. Zu den wichtigsten Produkten der bronzezeitlichen Goldschmiede zählen die *Lunulae*, mondsichelförmige Schmuck- oder Kultgegenstände.

um 500 v. Chr. Einwanderung der Gälen, eines keltischen Volkes, das bereits die Technik der Eisenverhüttung kennt. Sie errichten ringförmige Erd- und Steinwälle und Befestigungen auf künstlichen Inseln (Crannógs) und verehren personifizierte Naturgottheiten.

um 300 v. Chr. Während der Eisenzeit ist Irland in ca. 150 selbstständige Kleinkönigreiche aufgespalten, die Kriege gegeneinander führen.

432 n. Chr. Der hl. Patrick beginnt seine Mission; Ausbreitung des Christentums.

6. Jh.–8. Jh. Zahlreiche Klostergründungen; irische Mönche verbreiten das Christentum auf dem Kontinent. Für die irischen Klöster bricht eine Blütezeit an, sie werden zu Zentren der Kunst und der Lehre (Schriftsprache ist Latein). Die Mönche kopieren und illuminieren Bücher und stellen Hochkreuze her.

9. Jh.–12. Jh. Erste Wikingereinfälle; die Dänen plündern Klöster und Siedlungen, gründen aber gleichzeitig handelsstarke Städte. – Unter dem Hochkönig Brian Ború schlagen die Iren 1014 die Skandinavier in der Schlacht von Clontarf. Die militärisch entmachteten Wikinger vermischen sich mit der ansässigen Bevölkerung.

1152 Eine Synode beschließt die territoriale Neuorganisation der Kirche und ihre engere Anbindung an Rom. Das alte Klostersystem wird abgeschafft.

1169 Andauernde Kämpfe um das irische Hochkönigtum. Der gestürzte König von Leinster, Dermot Mac Murrough, sucht in England nach Verbündeten, worauf ihm der Normanne Richard ›Strongbow‹ FitzGilbert de Clare, Earl of Pembroke und Herr von Strigoil, mit Truppen zu Hilfe kommt. Mac Murrough kehrt auf den Thron zurück, seine Tochter wird Strongbows Frau. – Ein Jahr später nimmt ein normannisches Invasionsheer Dublin ein; vor allem entlang der Küste legen die Eroberer Festungen an.

1172 Der Großteil der irischen Stammesfürsten unterwirft sich dem anglo-normannischen König Henry II. und schwört ihm den Treueeid. In den folgenden Jahrzehnten gründen die Normannen Städte und bauen Kathedralen.

um 1250 Die englische Krone beherrscht etwa zwei Drittel Irlands.

1315 Der Schotte Edward Bruce marschiert in Irland ein, um ein keltisches Reich zu schaffen. Der Feldzug endet mit seinem Tod 1318.

1348 Die Pest rafft etwa die Hälfte aller Iren dahin.

1366 Mit den *Statuten von Kilkenny*, versucht England, Ehen zwischen Engländern und Iren zu verhindern.

um 1400 Die Macht Englands schwindet und beschränkt sich auf *The English Pale* – einen relativ kleinen, mit Palisaden befestigten Bereich um Dublin.

1541 Henry VIII. festigt die englische Herrschaft in Irland. Er nennt sich ›König von Irland‹ und nach seiner

◁ *Wie die Erbauer des Browne's-Hill-Dolmen ca. 3000–2000 v. Chr. dessen Deckstein bewegten, ist ein Rätsel*

Oliver Cromwells Irland-Feldzug 1649 brachte unendliches Leid über die Insel ▷

Loslösung von der römischen Kirche zugleich Oberhaupt der protestantischen *Church of Ireland*. Die Katholiken werden unterdrückt, rund 400 Klöster zerstört.

1558 Königin Elisabeth I. besteigt den Thron. Sie weitet die englische Präsenz in Irland aus. Aufstände flackern auf.

1598 Die Stammesfürsten Red Hugh O'Donnell und Hugh O'Neill aus Ulster schlagen die englische Streitmacht bei Yellow Ford. Doch Elisabeth entsendet weitere 20 000 Soldaten nach Irland, sodass der Aufstand der Fürsten 1601–03 endgültig niedergeschlagen werden kann.

1607 Die O'Neills, die O'Donnells sowie weitere Angehörige des irischen Adels verlassen Irland. Nach der ›Flucht der Grafen‹ beschlagnahmt die englische Regierung deren Land und verteilt es an Protestanten aus England und Schottland: Die *Ulster Plantations* entstehen.

1641 Erneute Aufstände, auch in anderen Provinzen, viele Protestanten der *Plantations* werden getötet.

1649 Der Engländer Oliver Cromwell führt einen grausamen Rachefeldzug. Um seine Soldaten zu entlohnen lässt er viele Iren enteignen und ihr Land an seine Anhänger verteilen.

1685 Der katholische König James II. besteigt den englischen Thron, wird aber nach drei Jahren wieder abgesetzt.

1685 Mithilfe der irischen Katholiken vesucht James II. erneut an die Macht zu kommen. Am 12. Juli wird er jedoch in der Schlacht an der Boyne von seinem protestantischen Widersacher William III. von Oranien geschlagen; die irischen Hoffnungen auf Freiheit sind zerstört.

1695–1727 Die *Penal Laws* (Strafgesetze) verbieten den Katholiken Land zu erwerben, öffentliche Ämter zu bekleiden, Schulen zu besuchen, zu wählen, ihre Religion auszuüben. Die Landbevölkerung leidet bittere Not, einzelne Widerstandsgruppen formieren sich, es setzt eine Auswanderungswelle ein.

1782 Irland erhält sein eigenes, nur aus Protestanten bestehendes Parlament. Der Parlamentssprecher Henry Grattan wendet sich gegen die englische Bevormundung. Er erreicht eine weitgehende Aufhebung der Strafgesetze.

1791 Der protestantische Anwalt Theobald Wolfe Tone gründet die *United Irishmen*. Die Organisation fordert die Schaffung einer irischen Republik.

1794–98 Die *United Irishmen* werden verboten und gehen in den Untergrund. Trotz französischer Hilfe scheitern zwei Rebellionsversuche. Wolfe Tone begeht im Gefängnis Selbstmord.

1800 Auflösung des irischen Parlaments. Irland wird in das Vereinigte Königreich eingegliedert. Das öffentliche politische Leben kommt zum Erliegen, die Oberschicht wandert ab.

1829 Der Anwalt Daniel O'Connell zieht als erster gewählter Katholik in das Unterhaus ein. Er erkämpft mit friedlichen Mitteln u. a. die Aufhebung der Strafgesetze und damit die – theoretische – Gleichstellung der Katholiken.

1845–49 Durch Pilzbefall werden mehrere Kartoffelernten vernichtet. Die Bevölkerung, die zu zwei Dritteln von der Landwirtschaft abhängig ist, sieht dem Hungertod ins Auge. Mehr als 1 Mio. Menschen verlassen Irland.

1858 Die *Irish Republican Brotherhood* (IRB) ist die erste Organisation, die Irland als eine vom Feind besetzte Republik betrachtet; sie strebt den Umsturz mit militärischen Mitteln an. 1867 scheitert ein Aufstand an der mangelnden Unterstützung durch die Bevölkerung.

1870 Die *Home Rule League* wird gegründet, die die irische Selbstverwaltung im Rahmen eines föderalistischen Vereinigten Königreichs anstrebt. Ihr Vertreter Charles Stewart Parnell wird 1875 ins Parlament gewählt; seine Bemühungen um die *Home Rule* scheitern jedoch an der Ablehnung der Gesetzesentwürfe durch das Oberhaus.

Daniel O'Connell (1775–1847)

James Connolly (1868–1916)

Eamon de Valera (1882–1975)

1879 Die *Land League* verfolgt das Ziel, das Land der in England lebenden Grundbesitzer zu enteignen und es an diejenigen zu vergeben, die es für überteuerte Zinsen bewirtschaften.

1892 Auf Initiative von Douglas Hyde entsteht die *Gaelic League*, die es sich zur Aufgabe macht, die gälische Sprache und irische Kultur neu zu beleben.

1896 James Connolly organisiert die Arbeiter in der *Irish Socialist Republican Party*.

1905 Arthur Griffin gründet die *Sinn Féin* (›Wir selbst‹), eine Interessensvertretung des katholischen Bürgertums.

1913 Die Unionisten – Befürworter des Zusammenbleibens mit England – fassen bestehende paramilitärische Gruppierungen zur *Ulster Volunteer Force* (UVF) zusammen. Die Nationalisten von der IRB, der Gaelic League und der Sinn Féin gründen die *Irish Volunteers*.

1914 Der drohende Bürgerkrieg wird durch den Ausbruch des Ersten Weltkriegs verhindert.

1916 Am Ostersonntag besetzen ca. 1200 Mann, angeführt von dem Nationalisten Padraig Pearse und dem Sozialisten James Connolly, das Hauptpostamt in Dublin. Pearse verliest die Unabhängigkeitserklärung und ruft die Republik aus. Die Revolution wird bereits nach einer Woche niedergeschlagen. Die britische Regierung verhaftet die Rebellen. 15 ihrer Führer, darunter Pearse und Connolly, werden hingerichtet. Die Sinn Féin Partei erhält daraufhin starken Zulauf.

1918 Sieg der Sinn Féin bei den Unterhauswahlen. Die Abgeordneten nehmen ihre Sitze jedoch nicht ein, sondern bilden statt dessen den *Dáil Éireann*, das irische Parlament.

1919 Der Dáil, der den Anspruch einer legitimen Regierung erhebt, tritt zum ersten Mal zusammen. Unter dem Präsidenten Eamon de Valera wiederholt er die Unabhängigkeitserklärung und verabschiedet eine Verfassung. Die Irish Volunteers nennen sich nun *Irish Republican Army* (IRA) und nehmen den Unabhängigkeitskampf gegen die britischen Truppen auf.

1921 Am 6. Dezember wird der anglo-irische Vertrag geschlossen, der die 26 Grafschaften im Süden der Insel zum Freistaat innerhalb des britischen Commonwealth erklärt. In Belfast tritt auf englischen Beschluss ein nordirisches Parlament zusammen. Die Grenze zwischen den beiden Landesteilen wird errichtet. Die IRA versucht, den Unabhängigkeitskrieg im Norden fortzusetzen.

1922–23 Mit der Ratifizierung des anglo-irischen Vertrags tritt de Valera als Präsident zurück. Zwischen Republikanern und Befürwortern des Freistaates – also auch des Vertrages – entbrennt ein brutal geführter Bürgerkrieg. – Als klar wird, dass die Bevölkerung den Vertrag mehrheitlich befürwortet, beendet die IRA im Mai 1923 den Krieg.

1925 Die IRA wird für illegal erklärt; sie ist nicht mehr operationsfähig.

1926 De Valera gründet die Partei *Fianna Fáil* (›Soldaten des Schicksals‹) die die Teilung Irlands ablehnt.

1932 Die Fianna Fáil kommt an die Macht, de Valera regiert 16 Jahre lang.

1939 Im Zweiten Weltkrieg bleibt Irland neutral.

1949 Die verfassungsrechtlichen Bindungen zu Großbritannien werden gelöst, die Republik Eire wird ausgerufen.

1955 Irland wird Mitglied der Vereinten Nationen.

1966 In Nordirland beginnen die in der *Northern Ireland Civil Rights Association* organisierten Katholiken gegen soziale und wirtschaftliche Ungerechtigkeiten zu protestieren. Als loyalistische Gegenbewegung formiert sich die *Ulster Volunteer Force* (UVF).

1968 Die katholischen Bürgerrechtler demonstrieren erstmals öffentlich. Die

Polizei greift unangemessen hart ein. Weitere Bürgerrechtsgruppen entstehen.
1969 Unter dem Druck der internationalen Öffentlichkeit leitet die nordirische Regierung Reformen ein; es kommt zu radikalen Protesten und Bombenanschlägen von protestantischer Seite. Premierminister O'Neill tritt zurück. Loyalistische Trupps überfallen katholische Viertel in Londonderry, deren Bewohner gehen zur Gegenwehr über, Straßenschlachten sind die Folge. Die englische Regierung schickt 6000 Soldaten.
1970 Neubelebung der IRA; sie versucht mit militärischen Mitteln, Nordirland unregierbar zu machen. Die britische Armee reagiert darauf mit Hausdurchsuchungen und willkürlichen Festnahmen. Ein 19-Jähriger wird erschossen.
1971 Im Februar wird erstmals ein englischer Soldat von der IRA getötet. London verstärkt seine militärische Präsenz; vermehrte Bombenanschläge der IRA. Premierminister Falkner führt die ›Internierung ohne Gerichtsverfahren‹ ein.
1972 Am 30. Januar erschießen britische Fallschirmjäger in Londonderry 13 Teilnehmer einer friedlichen Demonstration. Noch in derselben Nacht geht die britische Botschaft in Dublin in Flammen auf. Im März löst der britische Premierminister Heath das nordirische Parlament auf, die sechs Counties werden wieder von London aus regiert. Die IRA intensiviert ihre Bombenkampagne abermals. In Nordirland sind 21 000 britische Soldaten stationiert.
1973 Beitritt der Republik Irland zur Europäischen Wirtschaftsgemeinschaft.
1994 Nach jahrelangen Geheimgesprächen zwischen dem Sinn Féin-Vorsitzenden Gerry Adams sowie irischen und britischen Regierungsvertretern erklären die IRA, später auch die protestantischen Milizen, eine Waffenruhe. Die britischen Truppen ziehen aus Nordirland ab.
1996 Der britische Premier John Major schlägt vor, in Nordirland vor Beginn von Allparteiengesprächen Wahlen anzusetzen. Auf die Forderung, ihre Waffen abzugeben, reagiert die IRA mit einer Serie von Bombenanschlägen.
1998 Am Karfreitag (10.4.) wird ein Friedensabkommen verkündet, das eine autonome Regionalregierung vorsieht, in der sich Katholiken und Protestanten die Macht teilen. Der Protestant David Trimble und der gemäßigte Katholik John Hume erhalten den Friedensnobelpreis.
1999 Die Regierung der Republik Irland streicht jene Passagen aus ihrer Verfassung, die einen Anspruch auf das Gebiet Nordirlands erheben. Im Dezember nimmt das Assembly, die nordirische Regionalregierung, mit je fünf katholischen und protestantischen Ministern die Arbeit auf.
2001 Teilentwaffnung der IRA.
2002 Im Oktober wird das seit seiner Einführung 1998 bereits wiederholt ausgesetzte Assembly erneut aufgelöst; Nordirland wird wieder von London aus regiert. – Mehr als 60 % der Iren stimmen der EU-Osterweiterung zu.
2003 Die Wahl in Nordirland stärkt die radikalen Parteien – die katholische Sinn Féin und die protestantische Democratic Unionist Party (DUP) des Pastors Ian Paisley, eines entschiedenen Gegners des Karfreitagsabkommens. Der Versuch, den Friedensprozess wieder zu beleben, scheitert an der Weigerung der DUP, gemeinsam mit der Sinn Féin eine Regierung zu bilden.
2004 Irland führt als erstes Land der EU ein Rauchverbot in allen öffentlichen Einrichtungen (auch Pubs) ein.
2005 Cork ist Kulturhauptstadt Europas. – Die EU erkennt Gälisch offiziell als 21. Amtssprache an. – Die IRA gibt das Ende ihres bewaffneten Kampfes bekannt.
2007 Nach mehreren Jahren politischen Stillstands bekommt Nordirland eine Regierung, die sich aus Protestanten und Katholiken zusammensetzt. Der Vorsitzende der Democratic Unionist Party (DUP) Ian Paisley wird als Chef der Regionalregierung vereidigt, der ehemalige IRA-Kommandeur Martin McGuinness als sein Stellvertreter.

Zeigen Ende der 1990er-Jahre Einsatz im Friedensprozess: Sinn Féin-Präsident Gerry Adams, US-Präsident Bill Clinton und der irische Premier Bertie Ahern (v. l. n. r.). ▷

Sandstrand und Steilküste
an der White Park Bay

Unterwegs

Die Hauptstadt der Republik – vom Wikingerhafen zur Boomtown

»Our city is on the go!«, sagen die Dubliner stolz, was so viel heißt wie »In unserer Stadt rührt sich was!«. Tatsächlich hat sich kaum eine andere europäische Hauptstadt in den letzten eineinhalb Jahrzehnten so stark verjüngt und erneuert wie Dublin, und keine hat so viel an Selbstbewusstsein gewonnen. Gestern noch als provinziell verhöhnt, braucht sie heute den Vergleich mit London oder Paris nicht zu scheuen. Sie ist zu einem bedeutenden **Wirtschaftszentrum** geworden und hat sich zur Metropole der innovativen Kunst entwickelt. Sie hat sich den Ruf einer »InCity« erworben und dennoch den besonderen Charme bewahrt, der keinem Besucher verborgen bleibt. Die Innenstadt hat eine überschaubare Größe – man lernt sie am besten zu Fuß kennen. Geschichtlich bedeutsame Bauwerke und moderne Einkaufspassagen, Museen und Restaurants liegen nahe beisammen –, und überall gibt es **Pubs**, deren liebevolle Einrichtung darauf hinweist, welch bedeutende Rolle sie noch immer im sozialen Leben spielen. Hinzugekommen sind zahlreiche Bistros und Internet-Cafés.

1 Dublin

Plan S. 20/21

Dublin ist nicht nur die Hauptstadt der irischen Republik, sondern auch deren kulturelles und wirtschaftliches Zentrum.

Als Ausgangspunkt für Spaziergänge durch Dublin (1 Mio. Einw.) bietet sich die **O'Connell Bridge** ❶ [s. S. 20, 30, 36] an. Sie überquert den Fluss *Liffey*, der die Stadt in West-Ost-Richtung durchfließt und sie damit in zwei Hälften teilt: den Süden mit der Mehrzahl der Sehenswürdigkeiten, den Regierungsgebäuden, dem Universitätsviertel und den gehobeneren Wohngegenden – und den Norden mit Theatern, Märkten sowie den neu entstandenen Geschäfts- und Kulturzentren. Von der Brücke aus hat man einen guten Blick in die *O'Connell Street*, die wichtigste Geschäfts- und Verkehrsmeile nördlich des Flusses.

Die Brücke markiert auch einen Ort, in dessen Nähe sich fast alle jene Ereignisse

Die O'Connell Bridge ist schon seit über 200 Jahren Verkehrsknotenpunkt im Herzen Dublins ▷

zutrugen, die Stadt- oder sogar nationale Geschichte gemacht haben: In weniger als 1 km Umkreis erfolgte die Stadtgründung, hatte die englische Verwaltung ihren Sitz, wurde die Unabhängigkeit ausgerufen, tagte das erste irische Parlament. Auch zu soziologischen Betrachtungen – einfacher gesagt: zum Beobachten von Menschen – bietet die O'Connell Bridge die besten Möglichkeiten. Hier kommt über kurz oder lang alles vorbei, was die Bevölkerung der Stadt ausmacht: Viel Jugend, ein wenig Schickeria und gelegentlich einer von den urwüchsigen Typen, die man *Dublin Characters* nennt.

Baile Átha Cliath – die ›Stadt an der Hürdenfurt‹, so der immer noch gebräuchliche gälische Name Dublins – ist früher oft mit einem warmen, etwas abgetragenen Mantel verglichen worden, einem Kleidungsstück, das nicht unbedingt der neuesten Mode entspricht, in dem man sich aber sehr wohl fühlt. Der Mantel hat inzwischen einen zeitgemäßen Zuschnitt – aber zum Glück auch schon ein paar Guinnessflecken.

Geschichte Dublin wurde von den Wikingern gegründet. Zwar gab es im Liffey-Tal bereits Jahrhunderte vor deren Ankunft keltische Siedlungen, doch von den Anfängen einer Stadt kann erst seit Mitte des 9. Jh. gesprochen werden, als die dänischen Eindringlinge nahe des heutigen Dublin Castle eine Befestigung anlegten. *Dubh Linn*, ›schwarzer Tümpel‹, nannten die Eroberer den Ort an der Einmündung des Flüsschens Poddle in die Liffey, der sich bald zum wichtigen Warenumschlagplatz entwickelte. Doch die Stellung der Wikinger war nie unangefochten. Mit dem Sieg über die Skandinavier in der Schlacht von Clontarf am Karfreitag des Jahres 1014 konnten die Iren Dublin schließlich zurückgewinnen. Doch die Zwistigkeiten unter den verschiedenen irischen Kleinkönigen machten es den englischen Normannen leicht, auf der Insel Fuß zu fassen und bald darauf Dublin einzunehmen. Die Stadt erhielt einen Befestigungsring; den Bezirk, den er umgab, nannte man *The Pale*. Die Iren griffen ihn zwar immer wieder an, dennoch blieb Dublin für 750 Jahre die Basis der fremden Macht. Ende des 15. Jh. beherrschten die Engländer nicht mehr von Irland als den ›Pale‹ – aber mit den Tudorkönigen änderte sich das. Henry

VIII. (1491–1547) machte Dublin de facto zur Hauptstadt einer englischen Kolonie. Mit seiner Loslösung von der römischen Kirche wurde Henry als ›König von Irland‹ im Jahr 1541 zugleich auch zum geistlichen Oberhaupt der neu entstandenen protestantischen *Church of Ireland*.

Zahlreiche Aufstände gegen die englische Vorherrschaft erschütterten die Stadt. Mitte des 17. Jh. wurde sie zum Ausgangspunkt von Oliver Cromwells Rachefeldzug. Zwar litt sie nicht so sehr wie andere Städte, doch die Stadtmauern wurden zerstört, Burg und Kathedralen stark beschädigt. Mit der Niederlage König James II. in der Schlacht an der Boyne endete der Widerstand der Iren. Für das protestantische Dublin bedeutete das einen Aufschwung. 1757 wurde die *Wide Street Commission*, die erste amtliche Stadtplanungsbehörde Europas, ins Leben gerufen. Unter ihrer Regie setzte ein Bauboom ein, dem die letzten mittelalterlichen Stadtteile zum Opfer fielen. Großzügig wurden Straßen und Plätze angelegt, prächtige klassizistische Gebäude und georgianische Wohnhäuser errichtet, und mit dem wachsenden Selbstbewusstsein des irischen *Parlaments* nach 1782 entfaltete sich ein reges politisches und gesellschaftliches Leben.

Doch schon mit Ablauf des Jahres 1800 löste sich das nur aus Protestanten bestehende und zur Korruption neigende Parlament selbst auf, und Irland wurde ins *Vereinigte Königreich* eingegliedert. Die Oberschicht wanderte ab, die Bautätigkeit kam zum Stillstand, und die großen Gebäude der Stadt waren wieder einmal dem Verfall preisgegeben. Das 19. Jh. war für Dublin eine Zeit des Niedergangs – zugleich jedoch erstarkten die irischen Bestrebungen, sich von England loszulösen.

Am Ostersonntag 1916 brach der Aufstand los. Am Hauptpostamt verlas Padraig Pearse die *Unabhängigkeitserklärung*. Drei Jahre später kam es zum anglo-irischen Krieg, der mit großer Erbitterung geführt wurde – und in Dublin tiefe Wunden schlug. Noch schlimmer wirkten sich die Auseinandersetzungen zwischen Gegnern und Befürwortern des Vertrages von 1922 aus, der die Teilung der Insel vereinbarte.

Danach aber trat eine Erholung ein. Die nunmehrige Hauptstadt des Freistaates wuchs rasch. Inzwischen erlebt Dublin einen neuen Wohlstand, welcher der Stadt moderne Industrieviertel mit schicken Büro- und Geschäftszentren eintrug, darunter angesagte Boutiquen, Bistros, Bars und trendige Discos. Dublin, das vor nicht allzu langer Zeit noch provinziell anmutete, ist eine Weltstadt geworden.

Besichtigung Im Folgenden werden *drei Rundgänge* durch die Stadt beschrieben, die jeweils ca. einen halben Tag in Anspruch nehmen. Obwohl die Entfernungen relativ gering sind, wird für die Routen vorausgesetzt, dass der Besucher bzw. die Besucherin einigermaßen gut zu Fuß ist. Für alle drei Rundgänge ist die zentral gelegene **O'Connell Bridge** 1 ein idealer Ausgangspunkt.

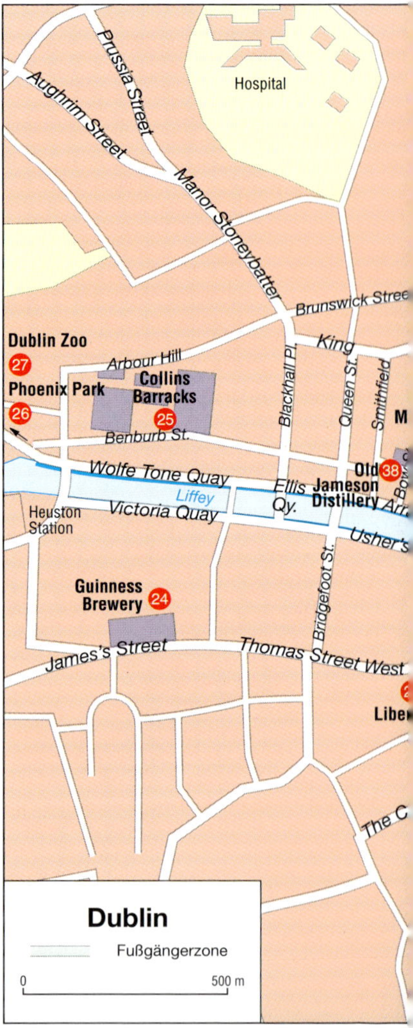

Rund um die Grafton Street

Südlich der Brücke liegt an der Ecke Westmoreland Street/College Green die **Bank of Ireland** ❷ (tgl. 10–16, Do bis 17 Uhr) Der klassizistische Bau wurde 1729 als Sitz des irischen Parlaments begonnen. Neben dem Architekten *Sir Edward Lovett Pearce* beschäftigte er bis zu seiner Fertigstellung u. a. auch *James Gandon*, der für viele der öffentlichen Gebäude Dublins verantwortlich zeichnet. Über dem Portalgiebel auf der Südseite sind allegorische Figuren zu sehen, die Hibernia, also Irland, die Treue und den Handel darstellen. Über der Ostfassade thronen die Weisheit, die Gerechtigkeit und die Freiheit. Doch schon im Jahr 1800 verlor das Parlamentsgebäude durch die Union Irlands mit dem britischen Königreich seine eigentliche Funktion. Es wurde an die *Bank of Ireland* verkauft – mit der Auflage, bauliche Veränderungen durchzuführen, die eine Verwendung als Diskussionsforum ausschließen. Das zentrale *House of Commons* (Unterhaus) wurde daraufhin völlig umgestaltet und dient heute als Schalterhalle. Das kleinere Oberhaus (*House of Lords*) hat seinen ursprünglichen Charakter bewahrt und ist in der Regel zugänglich.

Ein kleines Stück weiter trifft man auf die Statue von *Molly Malone*, der Fischverkäuferin aus dem Lied, das mit den

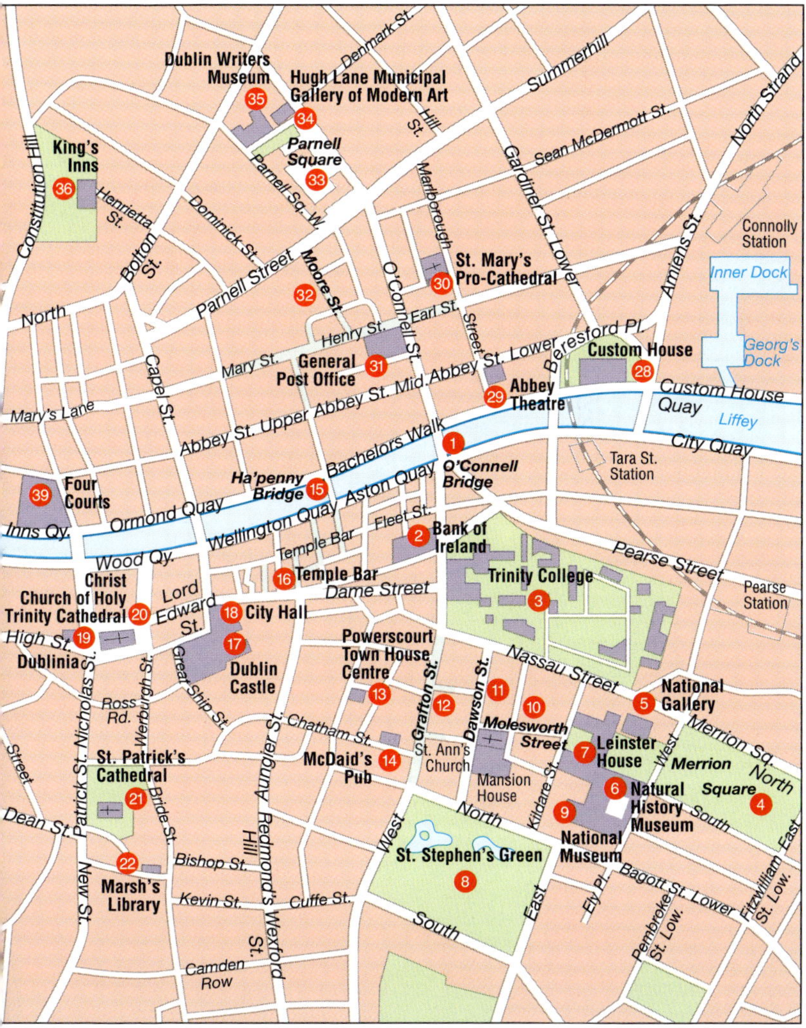

»Alive, alive, oh!« lautet der berühmte Refrain aus dem Lied von der Fischverkäuferin Molly Malone, der man in Dublin ein Denkmal setzte

Kunstvolle Seiten

Das **Book of Kells** hat heute 340 aus Kalbshaut hergestellte Pergamentblätter, also 680 Seiten. Sie enthalten den in Majuskeln geschriebenen lateinischen Text der vier **Evangelien** und einige Kommentierungen hierzu. Die Einzigartigkeit des Buches liegt vor allem in seiner außerordentlich fantasiereichen und komplexen Ausschmückung. Besonders aufwendig gestaltet sind die Seiten, die die Evangelien einleiten, und die ›CHI-RO-Seite‹, so genannt nach den Initialen Christi im griechischen Alphabet.

In dieser Komposition von verwirrender **Pracht**, bei der selbst in der Vergrößerung kaum alle Details auszumachen sind, verbergen sich unzählige, heute nicht mehr entzifferbare Aussagen über die religiösen Vorstellungen des **Mittelalters**. Aus unserer Sicht haben die ineinander verschlungenen und sich gegenseitig fressenden Fabelwesen fast comichaften Charakter. Auffallend ist, dass viele von ihnen mit roten Punkten umrandet sind – ein Stilmerkmal, das ansonsten nur noch aus der koptischen Kunst Ägyptens bekannt ist.

berühmten Worten ›*In Dublin's Fair City*…‹ beginnt. Mollys tief ausgeschnittenes Kleid hat nach der Aufstellung der Plastik im Jahr 1987 für große Aufregung gesorgt.

TOP TIPP Hinter einem schmiedeeisernen Zaun liegt das **Trinity College** 3, das von Touristen vor allem deshalb besucht wird, weil in seiner Bibliothek das berühmte ›Book of Kells‹ zu sehen ist. Das College, die älteste Universität Irlands, wurde 1592 von der englischen Königin Elizabeth I. für ihre Untertanen – allerdings nur die protestantischen – gegründet. Als die konfessionellen Beschränkungen 1873 endlich aufgehoben wurden, verbot die katholische Kirche ihren Gläubigen jedoch den Zugang, um sie vor verderblichen Einflüssen zu bewahren.

Unter den Absolventen des Colleges waren so namhafte Männer wie *Jonathan Swift*, *Oscar Wilde*, *Bram Stoker* und *Samuel Beckett*. Von den frühesten Bauten ist nichts mehr vorhanden, die jetzigen Gebäude entstammen größtenteils dem 18. Jh. Betritt der Besucher das Universitätsgelände durch den Seiteneingang in der Nassau Street, gelangt er zunächst auf den *Fellows Square*, von dem aus man bereits den Hauptanziehungspunkt des Trinity Colleges sehen kann: die **Bibliothek** (Mo–Sa 9.30–17 Uhr, Mai – Sept. So 9.30–16.30, Okt.–April So 12–16.30 Uhr). In ihrem Erdgeschoss sind die Kasse sowie ein Bücher- und Souvenirladen eingerichtet. Von hier führt eine Treppe hinauf in den **Long Room**. In dieser ausgesprochen ehrwürdigen Halle mit dem hölzernen Tonnengewölbe sind Kostbarkeiten aus dem Bibliotheksbestand ausgestellt, ferner *Brian Borús Harfe*, ein Instrument, das allerdings fast ein halbes Jahrtausend nach den Lebzeiten des Königs hergestellt worden sein dürfte; es stammt wahrscheinlich aus dem 15. Jh. Einer zweiten Treppe folgt man wieder hinab in den Raum, der der Aufbewahrung des eigentlichen Schatzes dient: des Book of Kells, außerdem der Bücher von *Durrow*, *Dimma* und *Armagh*. Vom **Book of Kells** sind vier Seiten zu sehen. Sie reichen aus, dem Betrachter die Großartigkeit dieses Kunstwerks vor Augen zu führen. Geschrieben wurde das Buch vermutlich von irischen Mönchen auf der vor Schottland gelegenen Insel Iona. Möglicherweise ist es auch in Kells, also unweit von Dublin entstanden, wohin die Mönche geflohen waren, nachdem die Wikinger das Kloster von Iona im Jahre 806 geplündert hatten. In Kells jedenfalls befand sich die Handschrift kurz nach der Jahrtausendwende. 1007 wurde sie aus der dortigen Kirche gestohlen, doch hatte der Dieb nur an dem kostbar verzierten Buchdeckel Interesse; das eigentliche Buch warf er weg, man fand es auf einer nahe gelegenen Wiese. Im 17. Jh. schenkte es die Kirche schließlich dem Trinity College.

Im Trinity College wird stündlich eine Multimedia-Show mit dem Titel **The Dublin Experience** (Mitte Mai–Anf. Okt. tgl. 10–17 Uhr) gezeigt. Sie führt unterhalt-

Das Wissen von Jahrhunderten wird in den Regalen des würdevollen Long Room in der Bibliothek des Trinity College bewahrt

Höchste Kunstfertigkeit: Zierseite mit den Evangelistensymbolen aus dem ›Book of Kells‹

sam in die Stadtgeschichte Dublins ein und ist durchaus empfehlenswert.

Auf der Nassau Street westwärts erreicht man den **Merrion Square** 4. Der Platz hat als einziges geschlossenes Ensemble Dublins seinen georgianischen Charakter bewahrt. Unter *Georgian Style* versteht man den Baustil, der zwischen 1714 und 1830, also während der Regierungszeiten der englischen Könige George I. bis George IV. entstand. Beim Neubau von nicht-öffentlichen Gebäuden war ein genau festgelegtes Schema einzuhalten. Das Ergebnis war eine großzügige Wohnarchitektur. Fast alle Bauten sind vierstöckig: Im Untergeschoss befinden sich Empfangsräume, darüber die Wohnräume, im zweiten Stock Arbeits- oder andere private Zimmer, unter dem Dach die Unterkünfte für das Dienstpersonal. Auf eine besondere Ausgestaltung der Backsteinfassaden musste verzichtet werden, daher fand der Gestaltungswille der Hauseigentümer vor allem in schmiedeeisernen Balkonen und an den Türen seinen Niederschlag. Es entstanden die berühmten ›Dublin Doors‹, die häufig auf Postern und Postkarten abgebildet werden. Etwa 500 der ehemaligen Bürgerhäuser am Merrion und am Fitzwilliam Square stehen unter Denkmalschutz.

Zu den früheren Anwohnern des Merrion Square gehörten der junge Oscar

Wilde und seine Eltern William und Jane ›Speranza‹ Wilde – er Augenarzt, sie Dichterin (Nr. 1), der ›Befreier‹ Daniel O'Connell (Nr. 58) und der Dichter William B. Yeats (Nr. 82). Die Grünanlage in der Mitte des Platzes stand den Anwohnern – und nur ihnen – zur Verfügung und ist nicht mehr zugänglich.

Das Haus *Fitzwilliam Square* Nr. 29 (Di – Sa 10–17, So 13–17 Uhr, Tel. 01/702 61 65) ist mit Originalmöbeln aus der georgianischen Zeit ausgestattet und kann ausschließlich im Rahmen von Führungen besichtigt werden.

Als Erholungsgebiet bei Jung und Alt populär: St. Stephen's Green, die weitläufige Parkanlage mitten in Dublin lässt den Verkehrslärm schnell in Vergessenheit geraten

An der Westseite des Platzes reihen sich drei bedeutende Gebäude aneinander: Die Nationalgalerie, das Leinster-Haus und das Museum für Naturgeschichte. Die **National Gallery** 5 (Mo–Sa 9.30–17.30, Do 9.30–20.30, So 12–17.30 Uhr, www.nationalgallery.ie) wurde 1854 mit einem Parlamentsbeschluss gegründet und genau zehn Jahre später erstmals der Öffentlichkeit zugänglich gemacht. Heute befinden sich etwa 2500 Gemälde in ihrem Besitz, ferner Zeichnungen, Drucke, Skulpturen, Gewänder und andere Werke europäischer Provenienz. Die *Sammlung europäischer Kunst* enthält u. a. Werke von Caravaggio, Peter Paul Rubens, Rembrandt, Frans Hals, Anthonis van Dyck, Goya, El Greco und Nicolas Poussin. Sehenswert ist auch die Abteilung für *irische Malerei* mit zahlreichen Gemälden von *Jack B. Yeats*, dem Bruder des bekannten Autors; darüber hinaus ist in der Abteilung für niederländische Malerei ›Der Brief‹, ein großartiges Meisterwerk von Jan Vermeer, zu bewundern.

Dublin Doors: Die Türen der georgianischen Häuser sind ein beliebtes Fotomotiv

Die Sammlung des 1857 eröffneten **Natural History Museums** 6 (seit Mitte Juli 2007 bis auf Weiteres geschl., www.museum.ie/naturalhistory) besteht aus einer nahezu unerschöpflichen Fülle von ausgestopften Tieren, Fossilien und Knochen – sowie, nicht zu vergessen, zwei Skeletten des vor etwa 10 000 Jahren ausgestorbenen irischen Riesenhirschs.

Das **Leinster House** 7, im Jahre 1745 für den Earl of Kildare gebaut, gehört seit 1925 dem irischen Staat; beide Kammern des Parlaments, der *Dáil* (Unterhaus) und der *Seanad* (Oberhaus) haben hier ihren Sitz. Nebenan befinden sich die 1904–11 von Sir Aston Webb als Universitätsgebäude errichteten **Government Buildings** (Führungen Mo–Fr 10.30, 11.30, 14.30 und 15.30 Uhr, Di und Do auch 19 und 20 Uhr, Tel. 01/618 37 81), in denen der Taoiseach (Premierminister) seinen Sitz hat.

Ein wenig weiter südlich erstreckt sich **St. Stephen's Green** 8, eine von starkem Verkehr umbrandete Grünanlage, die man als das Herzstück, aber auch als die Lunge der Dubliner Innenstadt bezeichnen könnte. An der Nordwestecke des 9 ha großen Parks, der heute vor allem der Erholung dient, erhebt sich der *Fusilier's Arch*, das auffallendste Monument der Anlage. Das einem römischen Triumphbogen nachempfundene Denkmal erinnert an die Soldaten der *Royal Dublin Fuseliers*, die um 1900 im Burenkrieg gefallen sind. Der Park umfasst ferner einen Zierteich mit Wasservögeln, einen botanischen Garten, einen Garten zum Gedenken an William Butler Yeats mit einer von *Henry Moore* geschaffenen Plastik sowie Denkmäler für *James Joyce* und *Theobald Wolfe Tone*.

St. Stephen's Green wurde 1880 mit dem Geld von Lord Ardilaun (Sir Arthur Edward Guinness) angelegt. Die ältesten von der ursprünglichen Bebauung erhaltenen Häuser stehen an der Südseite des Platzes: Das **Iveagh House** (Hausnrn. 80 und 81), in dem nun die Büros des Außenministeriums eingerichtet sind, wurde im 18. Jh. für den Bischof von Cork und Ross erbaut; im **Newman House** (Hausnrn. 85 und 86) befand sich früher die katholische Universität, an der James Joyce studierte; sehenswert ist die Mitte des 19. Jh. im byzantinischen Stil errichtete **Universitätskirche**. Auf der Westseite liegen die eher unscheinbare **Unitarierkirche** aus dem Jahr 1863 und das **Royal College of Surgeons in Ireland**, die erste Ausbildungsstätte für Chirurgen auf der Insel. Das 1867 eröffnete **Shelbourne Hotel** an der Nordseite ist Dublins traditionsreichste Nobelherberge.

TOP TIPP Neben dem Shelbourne beginnt die Kildare Street, in der das **National Museum** 9 (Di–Sa 10–17, So 14–17 Uhr, www.museum.ie) liegt. Zusammen mit der National Library, dem Leinster House und der National Gallery [s. S. 25] bildet es einen ausgedehnten Gebäudekomplex. Das Museum besitzt eine großartige, aber durchaus überschaubare Sammlung von Kunstgegenständen aus den verschiedenen Epochen der irischen Geschichte. Im *Zentralraum*, der sich an die runde Eingangshalle anschließt, findet der Besucher neben prähistorischen Funden das ›Irische Gold‹. Die kostbarsten Stücke des Museums werden in der Schatzkammer (*Treasury*) aufbewahrt. Hierzu zählt der *Ardagh-Kelch* aus dem 8. Jh., der 1868 von einem Bauernjungen bei der Ortschaft Ardagh in der Grafschaft Limerick gefunden wurde. Zusammen mit einem weiteren, bronzenen Kelch sowie vier Fibeln war er vermutlich bei einem Wikinger-Überfall im 10. Jh. vergraben worden. Zu seiner Verzierung benutzte man Gold, Silber und Kupfer sowie Glaspaste, Glimmer, Malachit und

Prachtvoll und filigran: Der fein verzierte, silberne Ardagh-Kelch aus dem 8. Jh. ist eines der Prunkstücke im Dubliner National Museum

Kleinkunst und Musik – in der Grafton Street und im Temple Bar-Viertel ist immer was los

Kristall; die Form ist aus dem Byzantinischen übernommen.

Ähnlich beachtenswert ist die Tara-Fibel, die ebenfalls dem 8. Jh. zugeordnet wird. Sie zeigt nicht nur Spuren vielfältiger künstlerischer Einflüsse, sondern belegt auch weit reichende Handelsbeziehungen: Der Bernstein kam aus England oder dem Baltikum, das zur Vergoldung nötige Quecksilber vom Kontinent. Bei dem prachtvoll verzierten *Krummstab von Clonmacnoise* handelt es sich um ein Reliquiar; es enthielt den Holzstab eines Heiligen.

Im Erdgeschoss ist außerdem die Ausstellung ›Kingdom and Sacrifice‹ – ›Königtum und Opfer‹ zu sehen. Sie besteht im Wesentlichen aus einer Sammlung eisenzeitlicher Moorleichen. Das Obergeschoss beherbergt eine ausführliche Ausstellung zur Historie der Wikinger in Irland.

Unweit des Museums sind in der **Molesworth Street** ⓾ zwei alte hugenottische Giebelhäuser aus dem 18. Jh. erhalten geblieben. Das auffallendste Gebäude dieser Straße ist jedoch die **Freemason's Hall**, seit 1865 der Sitz der irischen Freimaurerloge.

In der **Dawson Street** ⓫ liegen zur Linken aneinander gereiht die *St. Ann's Church* mit ihrer neoromanischen Fassade, das Haus der *Royal Irish Academy* und das **Mansion House**, dessen Bauherr Joshua Dawson der Straße den Namen gab. 1715, nur wenige Jahre nach seiner Fertigstellung, wurde das einfache Backsteingebäude jedoch zum offiziellen Wohnsitz des Dubliner Bürgermeisters gemacht. Im *Runden Zimmer* des Mansion House fand am 21. Januar 1919 die erste Versammlung des *Dáil Éireann*, des irischen Parlamentes, statt, bei der offiziell die Unabhängigkeit erklärt wurde. Heute dient das Mansion House hauptsächlich für Empfänge und Ausstellungen.

Im angrenzenden Gebäude der *Royal Irish Academy* (Mo–Do 9.30–17.30, Fr bis 17 Uhr, Aug. tgl. bis 17 Uhr) werden wertvolle irische Handschriften aufbewahrt. Zu den kostbarsten Manuskripten der Sammlung gehören der *Psalter des hl. Columcille* und ein Teil der Psalme aus einer *Vulgata-Abschrift*.

TOP TIPP

Die parallel zur Dawson Street verlaufende **Grafton Street** ⓬ war im 18. Jh. eine noble Wohnadresse. Heute ist sie Fußgängerzone und wird von modernen Warenhäusern, gestylten Boutiquen und schicken Restaurants gesäumt. Zum besonderen Flair tragen auch die zahlreichen Straßenmusiker bei, die Gitarren, Banjos und Harfen zupfen oder auch die *Tin whistle* und den irischen Dudelsack spielen. Die Grafton Street kann sich, was Atmosphäre und Eleganz betrifft, mit den Flanierstraßen anderer europäischer Großstädte durchaus messen.

Wer nun eine Mittagspause machen möchte, kann in nächster Nähe bei **Bewley's** einkehren. In dem reizvollen Jugendstilgebäude hat man die Wahl zwischen dem *Cafe Bar Deli* mit Pizzas, Pasta und Salaten, dem *Breakfast at Bewley's*, dem *Mezzanine* für Kaffee und Kuchen,

Einst das Herz des alten Dublin, heute eine elegante Einkaufsstraße: die Grafton Street

Für viele eine Oase im großstädtischen Treiben: McDaid's Pub in der Harry Street mit seiner stilvollen Ausstattung ist eine Welt für sich

und dem *Bewley's Café Theatre*, in dem sich der Gast während des Essens Theateraufführungen anschauen kann. Eine zweite Rastmöglichkeit eröffnet das **Powerscourt Town House Centre** (13), das sich in der South William Street befindet. Die einstige Stadtresidenz der Familie Powerscourt wurde 1983 umgestaltet: Der Innenhof erhielt ein gläsernes Dach, Galerien erschließen nun die Restaurants und Snack-Bars, Boutiquen, Antiquitäten- und Kunstgewerbeläden ringsum.

TOP TIPP Eine angenehme Ruhepause kann man auch im **McDaid's Pub** (14) in der Harry Street Nr. 3 abhalten, die von der Grafton Street kurz vor ihrem südlichen Ende rechts abzweigt. Es gibt in Dublin viele Wirtshäuser, die auf eine lange Geschichte zurückblicken können. Dennoch dürfte McDaid's zu den traditionsreichsten zählen. Das Haus mit der ehrwürdigen Fassade wurde 1779 erbaut, 1873 zog das Pub ein. Große Teile der jetzigen Inneneinrichtung stammen noch aus dieser Zeit. Der Charakter des Etablissements hat sich zumindest seit den 1950er-Jahren, als Brendan Behan hier zu trinken pflegte, nicht wesentlich verändert. Die in Schweinsleder gebundenen Bücher, die Tonkrüge und Blechkisten, die in 3 m Höhe auf Regalen vor sich hin stauben, erwecken nicht den Eindruck, als sollten sie der Dekoration dienen, vielmehr scheint es, als hätte sie ein Wirt um 1900 dorthin gestellt, weil er im Speicher keinen Platz mehr hatte. Geflieste Wände, alte Barspiegel und stilvolle Möbel aus Holz und Metall vervollständigen das Bild. Die Musik ist jazzig, unaufdringlich und wird meist kaum beachtet.

Ein Pint mit Weile

Zu belebten Stunden kann es bei **McDaid's** durchaus etwas dauern, bis man sich von der Eingangstür bis zum Tresen vorgearbeitet hat. Aber Eile ist nicht angebracht, es dauert ohnehin seine Zeit, bis ein ordentliches **Pint of Guinness** gezapft ist. Man kann bei McDaid's auch eine Kleinigkeit essen. Die meisten aber kommen ausschließlich zum Trinken – und natürlich, um sich zu unterhalten. Einen **Gesprächspartner** findet jeder – vorausgesetzt er sucht einen, denn aufdrängen wird sich niemand.

Westlich des Zentrums

Der zweite Spaziergang nimmt seinen Anfang wiederum an der zentral gelegenen *O'Connell Bridge* und führt an der Guinness-Brauerei vorbei in den Phoenix-Park. Im letzten Abschnitt sind Strecken enthalten, die die Mehrzahl der Dublin-Besucher lieber in einem Fahrzeug zurücklegen werden.

Von der Brücke aus geht es diesmal zunächst an der Südseite der Liffey entlang flussaufwärts bis zur *Liffey Bridge*. Die Brücke ist besser bekannt unter dem Namen **Ha'penny Bridge** 15, der daran erinnert, dass für ihre Benutzung früher eine Gebühr von einem halben Penny zu entrichten war. Sie wurde 1821 als eine der ersten Gusseisenkonstruktionen in Irland gebaut und war – bis Ende der 90er-Jahre des 20. Jh. die Millennium Footbridge hinzukam – die einzige Fußgängerbrücke über die Liffey.

Geht man nun auf der anderen Straßenseite unter dem **Merchant's Arch** hindurch und eine Treppe hinauf, befindet man sich in der Crown Alley und damit bereits mitten im Bezirk **Temple Bar** 16 (Veranstaltungsinformationen Tel. 01/677 22 55, www.templebar.ie), einem Komplex aus engen, kopfsteingepflasterten Straßen, in dem früher hauptsächlich Drucker und Uhrmacher ihre Werkstätten hatten. Als sie ihre Betriebe nach und nach schließen mussten, verödete das Viertel. Doch dann zogen Künstler und Kunsthandwerker, Studenten und Bohémiens ein und belebten Temple Bar neu. Mittlerweile hat das Viertel ein ›gediegen-alternatives‹ Ambiente, es gibt Dutzende von Restaurants, Cafés, Galerien, einen äußerst regen Kulturbetrieb – und viel Kommerz.

Man kann nun durch Cope Street, Cecilia Street und Curved Street, über den Meeting House Square und durch die Temple Bar Lane schlendern und das Viertel an der Dame Street verlassen. An

TOP TIPP

dieser liegt wenig weiter westlich **Dublin Castle** 17 (Mo–Fr 10–16.45, Sa/So/Fei 14–16.45 Uhr, Führungen Tel. 01/645 88 13, www.dublincastle.ie). Der Eingang befindet sich, etwas zurückgesetzt, nahe dem prachtvollen Gebäude im italienischen Stil, in dem die *AIB-Bank* eine Filiale unterhält. Die Burg auf dem Cork Hill überrascht viele Besucher dadurch, dass sie wenig mit den gewohnten Festungsbautypen gemeinsam hat. Im 18. Jh. erhielt das ursprünglich mittelalterliche Bauwerk ein vollkommen neues Aussehen. Es wurde von den englischen Herren Irlands als Verwaltungssitz eingerichtet. Bei dieser Gelegenheit verschwand mit Ausnahme einiger Türme alles, was eine Verteidigungsanlage ausmacht, dennoch war ›The Castle‹ nach wie vor Symbol der Fremdherrschaft. Vermutlich steht es genau auf dem Platz der ersten wikingischen Befestigung. Anstelle dieses Vorgängerbaus ließ Strongbow, der 1170 die anglo-normannische Eroberung Irlands anführte, hier ein Fort errichten. Im frühen 13. Jh. befahl König John wegen der ständigen Angriffe der Iren den Bau einer neuen Verteidigungsan-

Nachts bekommt die einst gebührenpflichtige Ha'penny Bridge Glanzlichter aufgesetzt

lage. Von ihr sind noch der *Record Tower* und Teile der Ringmauer erhalten. Eine Rebellion (1534) und ein Brand (1684) brachten größere Zerstörungen mit sich. Bei Renovierungsarbeiten wurden Mauern aus Stein durch solche aus Ziegeln ersetzt; der *Bedford Tower*, gleich am Eingang, erhielt seine jetzige Gestalt, der alte *Pulverturm* an der Nordostecke wurde vollkommen überbaut und erst bei einer Restaurierung Anfang der 90er-Jahre des 20. Jh. wieder freigelegt. In ihm wurden die irischen Kronjuwelen aufbewahrt, bis sie 1907 auf ungeklärte Weise und auf Nimmerwiedersehen verschwanden. Die *Königskapelle* schließt sich westlich an den Record Tower an. Sie stammt aus der ersten Hälfte des 19. Jh. und ist reich mit Statuen und Stuck ausgestattet. Die üppig verzierten *Staatsgemächer* (Führungen im 20-Min.-Takt) dienen Repräsentationszwecken.

Verlässt man die Burg durch den Nordausgang, steht man vor der **City Hall** 18, dem Dubliner Rathaus. Der wuchtige, klassizistische Bau hat eine bewegte Geschichte: Um 1770 als Börse errichtet, wurden hier bald darauf Rekruten angeworben. Während des Aufstandes von 1798 nutzte die englische Armee das Gebäude als Kaserne und Foltergefängnis. 1852 schließlich kaufte die Stadtverwaltung das Haus. Das Erdgeschoss beherbergt eine **Ausstellung** (Mo–Sa 10–17.15, So 14–17 Uhr) zur Geschichte Dublins.

Setzt man den Rundgang nach Westen fort, sieht man nach wenigen Minuten die Christ Church Cathedral vor sich. Ihr Besuch lässt sich mit demjenigen von **Dublinia** 19 (St. Michael's Hill, April–Sept. tgl. 10–17, Okt.–März Mo–Sa 11–16 Uhr, So/Fei 10–16.30 Uhr, Tel. 01/679 46 11, www.dublinia.ie) verbinden. Mit dem Ticket für diese Multi-Visionsshow ist gleichzeitig die ›Spende‹ bezahlt, die für die Besichtigung der Kathedrale erhoben

Der Bezirk Temple Bar war in den 70er-Jahren des 20. Jh. eine der unansehnlichsten Gegenden Dublins. Heute wird er gelegentlich mit dem Quartier Latin in Paris verglichen

Dem Nationalheiligen gewidmet und für Staatsempfänge genutzt: die St. Patrick's Hall im Dublin Castle, einem der traditionsreichsten Bauwerke der irischen Hauptstadt

wird. Die Ausstellung unterrichtet höchst lebendig über die mittelalterliche Vergangenheit der Stadt von der Eroberung Dublins durch Strongbow 1170 bis zur Zeit König Henrys VIII. im 16. Jh. Eine Tonkonserve begleitet (auch in Deutsch) durch die Galerie von Schaubildern, eine Reliefkarte der mittelalterlichen Stadt wird erläutert und ein ca. 20-minütiger Film gezeigt. Seit 2005 ist zusätzlich eine spannende Ausstellung über die Wikinger und ihre Zeit zu sehen. An ›Living History Days‹ spazieren sogar mittelalterlich kostümierte Personen durch die Ausstellung und geben Auskunft über das Leben in jener Zeit. Zuletzt kann man vom Turm des Gebäudes aus einen Blick über Dublin werfen.

Über eine Brücke hat man direkten Zugang zur **Christ Church of Holy Trinity Cathedral** 20 (Mo–Fr Juni–Aug., 9–18, sonst 9.45–17/18, Sa 10–16.30, So 12.45–14.45 Uhr, www.ccdub.ie) – so ihr voller Name. Über nahezu ein Jahrtausend hinweg war sie der Mittelpunkt des kirchlichen Lebens in Irland, heute ist sie die Kathedrale der protestantischen Diözese von Dublin. Der Bau geht auf ein früheres, zum großen Teil aus Holz bestehendes Gotteshaus zurück, das der König der christianisierten Dänen, Sitric Seidenbart, 1038 hatte errichten lassen. In den Jahren nach 1170, als Richard de Clare, genannt Strongbow, an die Macht gekommen war, wurde die alte Kirche abgerissen. Unter der gemeinsamen Regie des Anglo-Normannen und des später heilig gesprochenen Erzbischofs Lawrence O'Toole entstand innerhalb von 50 Jahren die neue Kathedrale, die Hauptkirche der Engländer in Irland. Einen tiefen Einschnitt in ihrer Geschichte bedeutete der Bruch König Henrys VIII. mit der römisch-katholischen Kirche und die Gründung der anglikanischen Staatskirche 1533. Im Jahre 1551 fand der erste anglikanische Gottesdienst in der Christ Church Cathedral statt. Sie ist bis auf den heutigen Tag protestantisch geblieben. Ihre jetzige Gestalt verdankt sie einer 1871 durchgeführten gründlichen Renovierung. Lediglich die *Krypta* mit ihrem Kreuzrippengewölbe – Dublins ältestes erhaltenes Bauwerk – und das romanische *Portal* auf der Südseite stammen noch aus dem 12. Jh. Bei den Mauerresten vor dem Portal handelt es sich um Teile eines *Kapitelhauses* aus dem 13. Jh.

Man betritt die Kathedrale – sofern man nicht über die Brücke von der Dublinia-Ausstellung im Synoden-Haus kommt – von Südwesten. Das Hauptschiff stammt im Wesentlichen aus dem frühen 13. Jh.; der verlängerte Chor und die Nordseite des Schiffs können aufgrund der Elemente aus der englischen Frühgotik auf eine etwas spätere Zeit datiert werden. Von den *Grabmonumenten* in der Christ Church Cathedral verdienen zwei besondere Beachtung: Zwischen zwei Säulen beim südlichen Seitenschiff birgt ein Grabmal, das einen liegenden Ritter und eine schwer identifizierbare Halbfigur zeigt, der Überlieferung zufolge die sterblichen Überreste *Strongbows*; künstlerisch wertvoller ist ein im 18. Jh. für den *Earl of Kildare* angefertigtes klassizistisches Werk im südlichen Querschiff. In der Kapelle in der Südostecke wird in einer Metallkapsel das Herz *Lawrence O'Toole's* aufbewahrt.

Auf der Nicholas Street und Patrick Street Richtung Süden erreicht man die **St. Patrick's Cathedral** 21 (Mo–Fr 9–18, Sa 9–17 bzw. März–Okt. 9–18, So 9–11 und 12.45–15, März–Okt. So auch 16.15–18 Uhr – außer während Gottesdiensten, www.stpatrickscathedral.ie). Die Kirche steht an einer Stelle, die für einen so großen Bau denkbar ungeeignet war: Der Poddle, ein kleiner Nebenfluss der Liffey, läuft praktisch unter ihr hindurch. Ihr Standort gilt jedoch als der älteste mit dem Christentum verbundene Platz Dublins, denn hier soll der hl. Patrick die frisch Bekehrten getauft haben. Vorgängerbauten – zunächst aus Holz – gehen bis auf die Zeit um 450 zurück. Am St. Patrick's Day des Jahres 1192 weihte Erzbischof John Comyn, der Nachfolger von Lawrence O'Toole, das neue steinerne Gotteshaus ein. Der nächste Erzbischof, Henry de Londres, nahm bereits größere Veränderungen vor und erhob es zur Kathedrale. Hauptgrund für diese Maßnahme war das Konkurrenzverhältnis, das zwischen ihm und dem Dekan der Christ Church Cathedral herrschte. 1558, mit dem Regierungsantritt von Elisabeth I. und sieben Jahre nach der Christ Church Cathedral, wurde auch St. Patrick's protestantisch. Damit wird in den beiden größten Kathedralen der zu 95 % katholischen Republik Irland der anglikanische Ritus praktiziert. In St. Patrick finden heute allerdings auch ökumenische Gottesdienste statt.

Bedingt durch seine Umfunktionierung zum Pferdestall während Oliver Cromwells Irlandfeldzug, aber auch infolge von Bränden, Absenkungen des Untergrundes und unsachgemäßer baulicher Veränderungen befand sich das Gebäude im 18. Jh. in sehr schlechtem Zustand. Erst im 19. Jh. machte eine Spende von *Sir Benjamin Guinness* eine umfassende Restaurierung (1860–65) der gefährdeten Bausubstanz möglich. Neben dem Eingang am Südwestportal wurde eine Statue des Geldgebers aufgestellt. Der einzige von Erzbischof Comyns Kirche übrig gebliebene Teil ist das *Baptisterium* in der Südwestecke, gleich links des Eingangs. Von der Kathedrale de Londres ist der *Chor* erhalten. Er diente auch als Kapelle des Ordens des hl. Patrick. Über dem Chorgestühl hängen Schwerter, Helme, Banner und Wappen der Ordensmitglieder.

Der Mann, dessen Name sich am engsten mit der St. Patrick's Kathedrale verbindet, ist *Jonathan Swift*. Von 1713 bis zu

St. Patrick's Cathedral: Das Bauwerk wurde an der Stelle errichtet, wo der Nationalheilige im 5. Jh. die ersten Iren taufte

James Joyce

Irland hat viele bedeutende Schriftsteller hervorgebracht, darunter die vier Nobelpreisträger William Butler Yeats, George Bernard Shaw, Samuel Beckett und Seamus Heaney. Der Übervater der irischen Literatur jedoch bleibt James Joyce.

Mit seinen **Werken** ›Dubliner‹ (1914) und ›Ein Porträt des Künstlers als junger Mann‹ (1916), vor allem aber mit ›Ulysses‹ (1922) und ›Finnegans Wake‹ (1939) weitete er die Anwendungsmöglichkeiten der Sprache in bis dahin nicht gekannte Bereiche aus. Joyce, der 1882 in Dublin geboren wurde, in ärmlichen Verhältnissen aufwuchs, erst ein Jesuiteninternat und später die katholische Universität besuchte, wandte sich früh von der Kirche – und seinem Heimatland – ab. »Irland«, sagte er, »ist eine alte Sau, die ihre eigenen Ferkel frisst.« 1904 verließ er die Insel zusammen mit seiner Lebensgefährtin **Nora Barnacle**, die er erst 27 Jahre später heiratete. Mit ihr – und den beiden gemeinsamen Kindern – lebte er meist in Paris und in Zürich, wo er 1941 starb. Nach Irland kam er nur auf kurze Besuche zurück.

Auch der Stadt **Dublin** war er bestenfalls in einer Art Hass-Liebe verbunden. Eine »Stadt des Versagens, der Ranküne und der Unglückseligkeit« nannte er sie. Doch die vier genannten Werke spielen allesamt in seiner Heimatstadt. In seinem wichtigsten Werk ›Ulysses‹ schildert er die 24-stündige Odyssee des jüdischen Annoncenverkäufers Leopold Bloom durch die Straßen und Pubs der Stadt am 16. Juni 1904.

Nicht weniger kontrovers als Joyces Verhältnis zu Dublin ist die Einstellung der Dubliner zu ihm. ›Fuckin' Joyce‹ nennen sie ihn – und sind stolz auf ihn. Der 16. Juni, der **Bloomsday**, ist für die einen ein Nationalfeiertag, für die anderen gibt er zumindest den Anlass her, in einer der Kneipen, die im ›Ulysses‹ erwähnt sind, einen zu heben.

Leben und Werk des weltbekannten Autors dokumentiert das nahe dem *Dublin Writers Museum* gelegene **James Joyce Cultural Centre** (35 North Great George's Street, Di–Sa 10–17, So 12–17 Uhr, Tel. 01/878 85 47, www.jamesjoyce.ie). Porträts seiner Familie und Originalaufnahmen von Lesungen gehören ebenso in den Fundus wie Ausstellungen, die die Hintergründe für sein literarisches Schaffen zu erklären versuchen.

seinem Tod 1745 war er ihr Dekan. Er ist hier neben seiner Freundin Stella (eigentlich Esther Johnson) beerdigt. Die Messingplatten, die die Gräber decken, fallen unmittelbar nach dem Betreten der Kirche ins Auge. An der Südwand, neben dem Eingang, ist eine Tafel mit dem von ihm selbst in Latein verfassten Grabspruch angebracht. An der Nordseite der Baptisteriumswand prangt das bombastische Monument des *Great Earl of Cork, Richard Boyle*, auf dem der Earl samt seiner Frau und elf Kindern dargestellt ist. In die Nordwand des Hauptschiffes, gegenüber des Eingangs, ist ein Basrelief eingelassen, das an *Turlough O'Carolan*, den letzten irischen Barden und Harfner erinnert. In seinen selbst komponierten Werken kombinierte er das mündlich überlieferte irische Liedgut mit Elementen aus der klassischen italienischen Musik. Auch Jonathan Swift schätzte die Arbeit des blinden O'Carolan und bat ihn oft ins Dekanshaus zu einem Musikvortrag. In der Nordwestecke des Kirchenschiffes schließlich liegt ein Stein, der 1901 bei Ausgrabungsarbeiten an der Stelle gefunden wurde, an der der hl. Patrick seine Taufen vorgenommen haben soll. Die eingemeißelten Kreuze stammen wohl aus dem 9. Jh.

Gegenüber der Kathedrale steht das **Deanery House**, in dem der Dekan von St. Patrick's wohnt. Es entstand an der Stelle eines Vorgängerbaus, in dem Jonathan Swift während seiner Amtszeit lebte, der allerdings einem Brand zum Opfer fiel.

Auf dem St. Patrick's Close kommt man nach einigen Schritten zu **Marsh's Library** 22 (Mo, Mi–Fr 10–13 und 14–17, Sa 10.30–13 Uhr). Diese Bibliothek, die älteste Irlands, wurde in den ersten Jahren des 18. Jh. eröffnet und blieb bis heute weitgehend unverändert. Die Käfige, in die die Leser der 25 000 altehrwürdigen Bücher gesperrt wurden, führen vor Augen, wie kostbar Druckerzeugnisse dereinst waren. Jonathan Swift gehörte ebenso zu den Benutzern dieser Bibliothek wie zwei Jahrhunderte später James Joyce.

Die folgenden Etappen unseres Spazierganges sind etwas länger und sind eher ein Bummel durch einen Teil Dublins, der hier und dort noch ahnen lässt, wie die Stadt vor zwanzig Jahren aussah. Die westlich der St. Patrick's Cathedral beginnende Francis Street führt quer durch die **Liberties** 23. Dieser Freibezirk lag im Mittelalter außerhalb der Stadtmauern und damit nicht mehr im Bereich der städtischen Gerichtsbarkeit. Als 1685 viele Hugenotten vor der religiösen Verfolgung aus Frankreich flohen, siedelten sie sich als Weber hier an. In *The Coombe*, der Verlängerung der *Dean Street*, stand ihr Zunfthaus. Von den hochgiebeligen hugenottischen Wohnhäusern, den sog. *Dutch Billies*, sind nur wenige erhalten geblieben, die meisten fielen der modernen Stadtplanung zum Opfer.

Der Weg durch die Francis Street, vorbei an der neoklassizistischen Kirche, die dem hl. Nikolaus von Myra geweiht ist, führt in ein weiteres jener Dubliner Viertel, die in den letzten Jahren saniert wurden. So wurde z. B. der **Iveagh Market**, eine Markthalle aus dem frühen 20. Jh. abgerissen. Demnächst soll an seiner Stelle ein Hotel-, Einkaufs und Unterhaltungszentrum eröffnet werden.

Die **Guinness Brewery** 24, etwas weiter westlich, nahm ihren Anfang, als Arthur Guinness 1759 eine kleine Brauerei aufkaufte und begann, jenen *Porter* zu brauen, der heute weltberühmt ist. Die Brauerei selbst kann nicht besichtigt werden, wohl aber das **Guinness Storehouse** (tgl. 9.30–17 Uhr, Juli/Aug. 9.30–20 Uhr, www.guinnessstorehouse.com). Schon das Atrium des ›Lagerhauses‹ macht klar, worum es hier geht: Es hat die Form eines Pint-Glases. Alles, was ein Irland-Besucher jemals über Guinness wissen wollte – und noch einiges mehr – kann er hier erfahren. Auf dem Dach des Gebäudes befindet sich die Bar *Gravity*, durch deren Glaswände sich ein unvergleichlicher Blick auf Dublin bietet.

In der Benburb Street, nahe der Heuston Station, befindet sich in den **Collins Barracks** 25 (Di–Sa 10–17, So 14–17 Uhr) die Decorative Arts & History-Abteilung des National Museum, in der vorwiegend Exponate zur irischen Sozial- und Wirtschaftsgeschichte wie Silber, Möbel, Trachten, Schmuck etc. gezeigt werden.

Noch etwas weiter im Westen und nördlich der Liffey liegt der **Phoenix Park** 26. Mit einer Ausdehnung von mehr als 700 ha ist er einer der größten Stadtparks der Welt. Nach der normannischen Eroberung erhielt der Johanniterorden das Land zum Geschenk, die Krone zog es nach der Reformation aber wieder ein. Im 17. Jh. verlegte der Vizekönig seine Residenz hierher und ließ das Areal ummauern, seit Mitte des 18. Jh. ist die Anlage der Öffentlichkeit zugänglich. Gleich hinter dem Haupteingang in der Parkgate Street steht *Wellington's Monument*, ein 60 m hoher, gemauerter Obelisk, der

In Irland gehen die Uhren anders: Vor allem wenn es um das irische Nationalgetränk geht, ist keinerlei Eile geboten

an die Schlacht von Waterloo erinnert. Zur Rechten liegt der *People's Garden* mit Blumenrabatten und Ruhebänken.

Kurz danach erreicht man **Dublin Zoo** 27 (Mo–Sa 9.30–18, So 10.30–18 Uhr, Nov.–Febr. bis 17 Uhr, www.dublinzoo.ie), den berühmtesten Teil der Anlage und obendrein drittältesten öffentlichen Zoo der Welt. Vor allem durch die Großkatzen, die hier gezüchtet werden, hat er internationale Anerkennung erlangt. Eine besondere Attraktion sind das Tiefsee-Aquarium sowie die *African Plains*, in denen Steppentiere möglichst naturnah leben können.

Nördlich der Liffey

Vom Startpunkt *O'Connell Bridge* geht es diesmal in die Gegenden nördlich der Liffey. Hier sind die Sehenswürdigkeiten nicht so dicht gesät wie auf der Südseite. Auf eine Besichtigung ganz zu verzichten, wäre dennoch ein Versäumnis.

Die O'Connell Bridge wurde Ende des 19. Jh. verbreitert und ist seitdem gleich breit wie lang (70 m), was einmalig in Europa ist. Sie wurde 1791 während der Zeit von Dublins großem Aufschwung nach Plänen von *James Gandon* gebaut. Benannt ist die Brücke nach dem ›Befreier‹ Daniel O'Connell (1775–1847), dessen Denkmal nördlich der Brücke steht. Unter den Politikern, die in der jüngeren irischen Geschichte eine Rolle spielten, ist er gewiss der populärste. Das flussabwärts gelegene **Custom House** 28 ist eines der eindrucksvollsten Gebäude der Stadt und gilt als das erste der Meisterwerke *James Gandons* (1743–1823), die anderen sind *Four Courts* und die *King's Inns*. Der Engländer mit hugenottischen Vorfahren war 1781 nach Irland gekommen. Er verstand es, den neoklassizistischen Stil mit Elementen palladianischer Prachtentfaltung anzureichern, ohne seine Bauten pompös wirken zu lassen. Mehr als jeder andere Architekt prägte er das Gesicht der Dubliner Innenstadt. Das *Custom House Visitor Centre* (Mitte März–Nov. Mo–Fr 10–12.30, Sa/So 14–17, Dez.–Mitte März Mi–Fr 10–12.30, So 14–17 Uhr) dokumentiert Gandons Werk.

Das alte Hauptzollamt, das den Ansprüchen der damals rasch wachsenden Stadt nicht mehr genügte, lag weiter östlich am Wellington Quay, den die größer gewordenen Schiffe aber nicht mehr anlaufen konnten. Die Kaufleute hatten aber ein Interesse daran, dass die Schiffe ihre Ladung auch weiterhin bis dorthin, in das kommerzielle Zentrum brachten. Der oberste Steuerbeamte John Beresford jedoch bevorzugte einen Standort so weit flussabwärts, dass auch größere Schiffe ihn noch anlaufen konnten und hielt den gewählten Bauplatz deshalb lange geheim. Spätestens mit der Grundsteinlegung im August 1781 aber wurden seine Pläne offenbar; es kam zu heftigen Protesten. Bezahlte Schlägertrupps be-

Eines der herausragendsten neoklassizistischen Bauwerke Dublins ist das Custom House. Der Star-Architekt James Gandon entwarf es während der Blütezeit der Stadt, Ende des 18. Jh.

Als Wohnviertel geplant, heute Hauptgeschäftsstraße – die O'Connell Street

drohten die Arbeiter, James Gandon selbst wagte es zeitweise nicht, die Baustelle unbewaffnet zu betreten.

Das Custom House wurde mehrfach stark beschädigt – durch einen Brand im Jahre 1833, vor allem aber während des anglo-irischen Krieges. Nachdem irische Nationalisten die hier beheimateten Archive angezündet hatten, stand das Gebäude Tage lang in Flammen. Zwar wurde es 1926 restauriert, aber erst durch eine 1986 durchgeführte, umfassende Sanierung ist das Bauwerk in seiner alten Pracht wiedererstanden. Der Zentralbau mit der grünen *Kupferkuppel* ist zum Fluss hin ausgerichtet. Ihn krönt eine 5 m hohe allegorische Figur, die den Handel darstellt. Auch im *Tympanon* der von dorischen Säulen getragenen Vorhalle sind hervorragende Skulpturen zu sehen: Britannia und Hibernia sitzen einträchtig nebeneinander, Neptun bannt die Hungersnot. Statuen, die die Kontinente repräsentieren, zieren den Säulenportikus auf der Nordseite des Zollhauses.

Am halbkreisförmigen Beresford Place, dessen Kulisse von der rückwärtigen Fassade des Custom House, einem Bahnübergang und teils moderner Architektur geprägt wird, nimmt die *Gardiner Street* ihren Anfang, in der es zahlreiche Bed & Breakfast-Unterkünfte der unteren Preisklasse gibt. Westlich des Platzes liegt an der Kreuzung mit der Marlborough Street das berühmte **Abbey Theatre** 29 (tgl. 10.30–19 Uhr, Vorstellungsbeginn 20 Uhr, Tel. 01/878 72 22, www.abbeytheatre.ie). Es wurde 1903 von William Butler Yeats und einigen Freunden als *Irish National Theatre* gegründet. In den folgenden Jahren hatten Stücke der größten irischen Autoren hier ihre Premieren, Werke von John Millington Synge, Sean O'Casey, George Bernard Shaw und von Yeats selbst. Mit seinen Aufführungen – und den Skandalen, die sie hervorriefen – machte das ›Abbey‹ Theatergeschichte. Doch bedauerlicherweise brannte das Originalgebäude 1951 ab, ein modernes, von Michael Scott entworfenes Theatergebäude, das über zwei Bühnen verfügt, wurde 1966 an derselben Stelle eröffnet. Heute widmet sich das *Abbey* den irischen Klassikern, aber auch der Aufführung von Stücken junger irischer Autoren, letzteres vor allem im *Peacock*, seiner Studiobühne, die unter dem Foyer liegt. Sehenswert ist auch die Porträtsammlung des Theaters.

Einige Blocks weiter nördlich steht an der Marlborough Street die neoklassizistische **St. Mary's Pro-Cathedral** 30. Sie ist zwar Dublins größte katholische Kirche, sehr ansprechend wirkt sie aber nicht.

Parallel zur Marlborough Street verläuft die **O'Connell Street**, die Hauptschlagader von Dublins Nordseite. Sie wurde Mitte des 18. Jh. von dem Baumeister *Luke Gardiner* angelegt. Nur ein einziges der ursprünglichen Häuser, dasjenige mit der Nummer 42, hat die Zeiten überdauert; es gehört nunmehr zum *Royal Dublin Hotel*. Ein Teil der georgianischen Bauten verfiel in der Folge der Parlamentsauflösung von 1800: Die Bewohner, die der Oberschicht angehört hatten, wanderten damals ab, die Häuser wurden in dunkle Bretterverschläge unterteilt und mussten Dutzende von Familien aufnehmen. Weitere Bauten gingen während des Aufstandes 1916 und im Bürgerkrieg 1922 zugrunde. In den letzten Jahrzehnten hat die O'Connell Street ihr Gesicht sehr verändert: Zahlreiche Kaufhäuser und Fast Food Restaurants haben eröffnet, für den Individualverkehr wurde die Straße gesperrt.

Das markanteste Gebäude in der O'Connell Street ist aber nach wie vor das **General Post Office** 31 mit seinem monumentalen ionischen Vorbau. Als letztes großes Bauwerk der georgianischen Zeit entstand es zwischen 1815 und 1818. Die drei Statuen, die es bekrönen, stellen den Götterboten Merkur, Irland und die Treue dar. Das G.P.O. ist nicht in erster Linie von architektonischer, sondern vor allem von geschichtlicher Bedeutung. Denn hier verlas *Padraig Pearse* am Ostersonntag des Jahres 1916 die Unabhängigkeitserklärung, nachdem er das Postamt zusammen mit anderen Patrioten besetzt hatte. Unter dem Beschuss der englischen Truppen geriet es in Brand, der Widerstand brach innerhalb einer Woche zusammen, die Aufständischen wurden verhaftet und 15 von ihnen – darunter Pearse und Connolly – hingerichtet. Indirekte Folge war der anglo-irische Krieg. Im Jahre 1925 begann man mit der Restaurierung des Hauptpostamtes, 1929 wurde es wieder eröffnet. In der Schalterhalle erinnert seither ein *Denkmal*, das den sterbenden Helden Cú Chulainn aus dem irischen Nationalepos darstellt, an die Toten des Osteraufstandes.

Vor dem Postamt steht seit Anfang 2003 der **Dublin Spire**, ein 120 m hoher Stachel aus Stahl mit einem Durchmesser von 3 m an der Basis und etwa 15 cm an der Spitze. Das neue Wahrzeichen von Dublin erhebt sich just an der Stelle, die einst von der Nelson-Statue eingenommen wurde; sie war 1966 von einem IRA-Kommando gesprengt worden. Die herausragendsten Monumente in der O'Connel Street sind die Statue des sogenannten Befreiers Daniel O´Connell, direkt an der O´Connell Bridge, die des Gewerkschaftsführers Jim Larkin, die von Father Theobald Mathew, dem Gründer der irischen Temperenzlerbewegung, und das Monument für den Vorkämpfer der *Home Rule*-Bewegung Charles Stuart Parnell am oberen Ende der Straße.

Man verlässt die O'Connell Street, indem man gleich neben dem General Post Office in die *Henry Street* einbiegt. Noch vor einiger Zeit war sie eher unansehnlich, nun aber ist sie, wie die Grafton Street, zur Fußgängerzone mit ansprechendem Flair geworden; schicke Läden und Restaurants haben eröffnet, und daran, dass es sich hier traditionell um eine Marktgegend handelt, erinnern nur noch die fliegenden Händler, die lauthals ihre Waren anpreisen. Sehr viel deutlicher hat die **Moore Street** 32 ihren Marktcharakter bewahrt. Hier wird vor allem mit Blumen und Obst gehandelt. An ihrem oberen Ende trifft sie auf die Parnell Street, an die einen halben Block weiter rechts der **Parnell Square** 33 grenzt. Er wurde ab 1748 angelegt und ist damit nach St. Stephen's Green [s. o.] der älteste der großen Plätze in der Dubliner Innenstadt. 1750 wurde, als erste Geburtsklinik Europas, das **Rotunda Hospital** an der Südseite des Platzes gegründet, zu dessen architektonischem Komplex auch das **Gate Theatre** (Tel. 01/874 40 45, www.gatetheatre.ie) gehört. Seit den 1930er-Jahren bildet es einen gewissen Gegenpol zum Abbey Theatre [s. o.] dar, da hier vorwiegend Klassiker europäischer Bühnenliteratur aufgeführt werden.

Den nördlichen Teil des Parnell Square nimmt der **Garden of Remembrance** ein. Die Grünanlage wurde 1966 anlässlich der 50-Jahr-Feiern des Osteraufstandes zum Andenken an all jene eröffnet, die ihr Leben für die Freiheit Irlands gelassen haben. Auf dem Mosaikboden des kreuzförmigen Wasserbeckens in der Gartenmitte sind, als Friedenssymbole, zerbrochene Waffen dargestellt. Eine Bronzeplastik von den ›Kindern des Lir‹, die einer irischen Sage zufolge in Schwäne verwandelt wurden, überragt das Bassin.

Die **Abbey Presbyterian Church** am Parnell Square North heißt nach ihrem Stifter, einem reichen Kaufmann, auch

In der geschichtsträchtigen Atmosphäre des General Post Office wird das Schreiben von Postkarten zum besonderen Erlebnis

Findlater's Church. Ihr hoher Turm ist von fast allen Stellen der Stadt aus zu sehen. Das erst jüngst um einen Anbau erweiterte *Charlemont House* zu ihrer Linken beheimatet seit 1933 die **Hugh Lane Municipal Gallery of Modern Art** 34 (Di–Do 10–18, Fr/Sa 10–17, So 11–17 Uhr, www.hughlane.ie). Die Sammlung geht auf Sir Hugh Lane zurück, in dessen Besitz sich vor allem impressionistische Gemälde befanden. Da Lanes Hinterlassenschaft nicht eindeutig geregelt war, brach nach seinem Tod ein Rechtsstreit zwischen der Tate Gallery in London und der Stadt Dublin aus. Nach vielen Jahren wurde er dahingehend beigelegt, dass jeweils die Hälfte der Gemälde in London, die andere in Dublin hängen soll. Alle fünf Jahre wird gewechselt. Zur ständigen Ausstellung gehören Werke so bedeutender Künstler wie Kokoschka, Utrillo, Bonnard, Courbet, Manet, Monet, Degas, Boudin, Renoir und Picasso. Sehenswert ist auch die Sammlung irischer Kunst des 20. und 21. Jh. Außerdem wurde in der Galerie das chaotische **Atelier** des 1909 in Dublin geborenen Francis Bacon rekonstruiert. Bacon war einer der größten Maler des 20. Jhs. Zu sehen ist u. a. ein Selbstporträt, das bei seinem Tod im Jahre 1992 noch unvollendet war.

In einem der unmittelbar anschließenden Backsteinhäuser aus dem 18. Jh. ist das **Dublin Writers Museum** 35 (Mo–Sa 10–17, So/Fei 11–17 Uhr, Juni/Juli/Aug. Mo–Fr bis 18 Uhr, Tel. 01/872 20 77, www.writersmuseum.com) untergebracht. Hier wird den Größen der irischen Literatur die Referenz erwiesen, ihr Werk dokumentiert und interpretiert. Zu diesem Zweck hat man Manuskripte, Erstausgaben, Fotos und Briefe zusammengetragen, eine *Gallery of Writers* mit Büsten und Porträts der berühmten Autoren eingerichtet und einen Buchladen mit ihren Werken eröffnet. Im *Chapter One Restaurant* im Untergeschoss lässt es sich gut essen und hervorragend schmökern, zudem bietet der Museumsbesuch Gelegenheit, eines der georgianischen Wohnhäuser von innen kennenzulernen.

Nun setzt sich die Route an dem nicht sehr ansprechenden Straßenzug Dorset/Bolton Street entlang bis zur rechts abzweigenden Henrietta Street fort, an der einst die prächtigsten georgianischen Wohnhäuser Dublins standen. Sie läuft geradewegs auf **King's Inns** 36 zu, das letzte von *James Gandon* errichtete große öffentliche Gebäude. Der damals bereits von der Gicht geplagte Meister entwarf es 1795, übertrug dann aber die Fertigstellung seinem Schüler *Henry Aaron Abker*. Die königliche Rechtsschule war Ausbildungsstätte und Wohnheim für Jurastudenten; noch heute befindet sich hier die größte rechtswissenschaftliche Bibliothek Irlands (nur für Fachbesucher).

Durch den King's Inns Park, die Verlängerung der Henrietta Street, gelangt man zum Constitution Hill, dem man Richtung Süden bis zur Church Street folgt. Hier bietet sich ein kleiner Abstecher in die St. Mary's Lane nach links zum **Dublin Corporation Fruit and Vegetable Market** an. Das ist eine aus dem 19. Jh. erhaltene und in den letzten Jahren renovierte Markthalle, in der man tagsüber das dort herrschende bunte Treiben genießen und sich mit herrlich frischem Obst eindecken kann.

Wieder zurück auf der Church Street, sieht man auf der rechten Straßenseite **St. Michan's Church** 37 (März–Okt. Mo–Fr 10–12.45 und 14–16.45, Sa 10–13, Nov. –Febr. Mo–Fr 12.30–14.30, Sa 10–13 Uhr). Die 1686 erbaute Kirche, deren Vorläuferin bereits 1095 an dieser Stelle gegründet worden war, ist vor allem für ihre Mumien berühmt. Der Kalkstein der Krypta hält die Luft so trocken, dass die hier bestatteten Leichname, darunter mehrere irische ›Rebellen‹, bestens konserviert sind.

Unweit davon, in der Bow Street, informiert in der **Old Jameson Distillery** 38 (tgl. 9.30 – 18 Uhr, letzte Führung 17.30 Uhr, www.oldjamesondistillery.ie) eine geführte Tour durch die alte Whiskeybrennerei über die Herstellung und Geschichte des irischen Nationalgetränks. An der Bar kann man anschließend das fertige Produkt kosten. Auch ein Shop lädt zum Besuch ein. Auf dem Gelände führt ein gläserner Fahrstuhl auf den **Jameson Chimney Observation Tower** (tgl. 10–17 Uhr, Tel. 01/817 38 38), einen 55 m hohen, zum Aussichtsturm umgebauten gusseisernen Schornstein. Dort sind sowohl zwei feine Restaurants als auch ein Hotel eingezogen, bekrönt von einer glasverkleideten Aussichtsplattform, die einen weiten Blick über Dublin erlaubt.

Man befindet sich nun in *Smithfield Village*, wo früher Arbeiter in Hütten wohnten und einmal wöchentlich ein Pferdemarkt stattfand. Das Viertel ist vollkommen erneuert worden, es haben sich viele kleine Cafés und Restaurants angesiedelt.

Weiter hügelabwärts liegt am Inns Quay der letzte Besichtigungspunkt des Rundgangs, die **Four Courts** 39, wiederum eines der Werke *James Gandons*. 1785 erhielt Gandon vom Vizekönig den Auftrag für ein Gebäude, in dem die vier Gerichtshöfe – Finanz-, Kanzlei-, Zivil- und Oberhofgericht – unter einem Dach vereint sein sollten. Wie bei der Errichtung des Hauptzollamtes [s. S. 36] waren die äußeren Umstände schwierig, doch trotz aller Blockaden und Intrigen konnte Gandon die Arbeiten 1802 abschließen. Dominierende Elemente sind die Kuppel, die auf einem hohen Tambour über der zentralen Halle thront, und der Portikus, der von sechs korinthischen Säulen getragen wird. Auch hier schuf *Edward*

In den ehrwürdigen Hallen des King's Inns wurden einst die Rechtsgelehrten seiner königlichen Majestät ausgebildet

Smyth den Skulpturenschmuck: Moses, flankiert von Allegorien der Gerechtigkeit, der Gnade, der Weisheit und der Autorität.

Praktische Hinweise

Information

Dublin Tourist Centre (in der früheren Kirche St. Andrew's), Suffolk Street, Dublin 2, Tel. 18 50 23 03 30 (innerhalb Irlands), Tel. 003 53/669 79 20 83 (aus dem Ausland), www.visitdublin.com

Im Tourist Centre oder im Internet (www.dublinpass.com) kann man auch den **Dublin Pass** kaufen, der 1, 2, 3 oder 6 Tage gilt. Die Chipkarte ermöglicht kostenlosen Eintritt in über 30 Sehenswürdigkeiten und Attraktionen Dublins. Überdies gewähren viele Geschäfte und Restaurants auf die Karte Rabatt, außerdem bietet sie freie Fahrt mit dem Aircoach-Bus vom Flughafen in die City.

Flughafen

Dublin Airport (EIDW), rund 10 km nördlich der Stadt, Tel. 01/814 11 11, www.dublin-airport.com

Nahverkehr

Empfehlenswert ist die Bus- und Bahnkarte **3 Day Short Hop**, die drei Tage lang zur Benutzung von DART (Dublin Area Regional Transport) und Bus berechtigt. Von einigen Vororten fahren Straßenbahnen (LUAS) ins Zentrum.

Eine gute Möglichkeit der Stadterkundung bietet auch das **3 Day Freedom Ticket**, das unbegrenzte Fahrten mit dem normalen Bus, den Nachtbussen (Nitelink), dem Airlink zum Flughafen sowie die Nutzung des ›Hop-on-Hop-off‹-Sightseeing-Busses einschließt, der auf einer Rundtour alle Sehenswürdigkeiten der Stadt anfährt.

Stadtrundfahrten

Dublin Bus veranstaltet täglich verschiedene, von englischsprachigen Reiseführern begleitete Rundfahrten. Auskünfte erteilt jede Hotelrezeption oder *Dublin Bus*, 59 Upper O'Connell Street, Tel. 01/873 42 22, www.dublinbus.ie.

Stadtrundgänge

Unter dem Motto *›Historical Walking Tours of Dublin‹* werden Rundgänge veranstaltet, die zu historischen Plätzen führen. Informationen unter Tel. 08 76 88 94 12 und 08 78 30 35 23, www.historicalinsights.ie.

Der Rundgang *›Dublin Literary Pub Crawl‹*, ein Schnellkurs in irischer Literatur, führt zu den Lieblingspubs verschiedener irischer Schriftsteller, Tel. 01/ 670 56 02, www.dublinpubcrawl.com.

Hotels

TOP TIPP *******The Shelbourne**, 27 St. Stephen's Green, Dublin 2, Tel. 01/663 45 00, Fax 01/661 60 06, www.marriott.co.uk. Das traditionsreiche Nobelhotel in zentraler Lage ist eines der besten Häuser Irlands.

*****Mont Clare**, Merrion Square, Dublin 2, Tel. 01/607 38 00, Fax 01/661 56 63, www.ocallaghanhotels.com. Ausgezeichnetes Hotel in einem eleganten viktorianischen Gebäude in Zentrumsnähe. Restaurant und Pub im Haus.

*****Temple Bar Hotel**, 13–17 Fleet Street, Dublin 2, Tel. 01/612 92 00, Fax 01/677 30 88, www.templebarhotel.com. Bestens ausgestattetes Hotel im Temple Bar Bezirk.

***O'Shea's Hotel**, 19 Talbot Street, Dublin 1, Tel. 01/836 56 70, Fax 01/836 52 14, www.osheashotel.com. In unmittelbarer Nähe der zentralen Busstation, mit Pub.

Aaron House, 152 Merrion Road, Ballsbridge, Dublin 4, Tel. 01/260 16 44, Fax 01/260 16 51. B & B im Süden der Stadt.

Autumn Leaf, 41 St. Lawrence Road, Clontarf, Dublin 3, Tel. 01/833 75 19, Fax 01/833 75 06. B & B nördlich des Zentrums.

Restaurants

Bruno's, 21 Kildare Street, Dublin 2, Tel. 01/662 38 56. Gute irische Küche in den Gewölben der Vinothek Mitchell & Son, nahe St. Stephen's Green (So geschl.).

Davy Byrnes, 21 Duke Street, Dublin 2, Tel. 01/677 52 17, www.davybyrnes.com. Pub und Restaurant, dessen Spezialitäten Austern, Krabben, frischer und geräucherter Lachs sind. Verewigt in James Joyces Roman ›Ulysses‹.

Oliver St. John Gogarty, 58/59 Fleet Street, Temple Bar, Dublin 2, Tel. 01/ 671 18 22, www.gogartys.ie. Traditionelles irisches Essen. Täglich irische Musik, sonntags Brunch und Irish Breakfast.

101 Talbot, 101 Talbot Street, Dublin 1, Tel. 01/874 50 11. Angenehmes, nicht zu teures Abendrestaurant, das auch vegetarische Gerichte anbietet; in der Nähe des Abbey Theatre (Di–Sa 17–23 Uhr).

Die Umgebung Dublins – vor der Haustür der Hauptstadt

Nicht nur Dublin selbst hat zahlreiche Sehenswürdigkeiten zu bieten, auch die Umgebung der Stadt ist mit ihnen gesegnet. Verlässt man das Zentrum der City entlang der Küste in südlicher Richtung, kommt man schon bald durch gepflegte Vororte und vorbei an malerischen Stränden. Man passiert den Fährhafen **Dun Laoghaire**, an dem mancher Urlauber Irlands Boden erstmals betritt, durchquert den hübschen Badeort Dalkey und gelangt schließlich in das direkt am Fuß der **Wicklow Mountains** gelegene Bray. In diesen Bergen gibt es sanfte Täler und enge Schluchten, einsame, mit Heidekraut bewachsene Höhenzüge und bewaldete, von klaren Bächen durchflossene Niederungen. Für die Dubliner Stadtbevölkerung sind sie ein beliebtes **Naherholungsgebiet**. In die Wicklow Mountains eingebettet ist überdies der verträumte Klosterbezirk von **Glendalough**. Auch nördlich Dublins gibt es landschaftlich reizvolle Gegenden, etwa die Halbinsel Howth. Erstaunlich aber ist vor allem die Vielfalt der *Bau- und Kunstdenkmäler*: Jungsteinzeitliche Gräber, bronzezeitliche Kultstätten, frühchristliche Klosteranlagen, mittelalterliche Hochkreuze und normannische Burgen lassen das Herz jedes kulturinteressierten Besuchers höher schlagen.

2 Hill of Tara

Einstiger Sitz der irischen Hochkönige.

Der Hill of Tara (www.heritageireland.ie) ist, auch wenn er auf den ersten Blick einen eher unscheinbaren Eindruck macht, eine der wichtigsten archäologischen Stätten Irlands. Geht man vom Parkplatz zur **St. Patrick's Church**, in der ein **Visitor Centre** (Mitte Mai – Mitte Sept. 10–18 Uhr, letzter Einlass 17 Uhr) eingerichtet ist, sieht man kaum etwas, das auf die geschichtliche Bedeutung des Ortes verweist. Von der Spitze des Hügels jedoch lässt sich ein riesiges Areal überschauen – bei gutem Wetter sieht man Berge aller vier Provinzen Irlands.

Geschichte Dieser Weitblick ist es, der Tara zum Sitz der Hochkönige werden ließ. Vermutlich befanden sich auf dem Hügel Kultstätten aus der irischen Frühzeit, doch sind sie archäologisch nicht nachzuweisen. Gesichert ist jedoch, dass in der Bronzezeit hier **Bestattungen** vorgenommen wurden. Nach der Ankunft der Kelten übernahmen deren Priester, die **Druiden**, den Kultbetrieb auf Tara.

Einzelne Herrscherpersönlichkeiten werden erst in den nachchristlichen Jahrhunderten historisch fassbar. Spätestens im 3. Jh. n. Chr. erlangte der Ort auch **politische Bedeutung**: König *Conn Ceadchathach*, der den Thron 35 Jahre lang innehatte, ließ Straßen bauen, die aus verschiedenen Teilen seines Reiches kommend, in Tara zusammenliefen. Unter der Herrschaft seines Nachfolgers *Cormac Mac Airt*, soll Tara ein Hofleben von ungeheurem Glanz erlebt haben. Auf ihn folgten etwa 140 weitere Regenten, darunter der Hochkönig *Laoghaire*, den der heilige Patrick im 5. Jh. – vergeblich – zu bekehren versuchte.

Als sich das **Christentum** in den folgenden Jahrhunderten dennoch ausbreitete, verlor die Stätte an Bedeutung. Ihren Symbolcharakter behielt sie Jahrhunderte lang weiter: Im Jahr 1002 emp-

Die Wicklow Mountains südlich von Dublin haben zahlreiche stimmungsvolle Landschaften zu bieten

Der Grabhügel der Geiseln gehört zu den ältesten Anlagen auf dem Hill of Tara

fing der Hochkönig *Brian Ború* hier die Huldigungen seiner Unterkönige – und noch 1843 wählte der irische Politiker *Daniel O´Connell* Tara als Schauplatz einer Veranstaltung, bei der er vor 1 Mio. Zuhörern sprach.

Seit 2005 bestehen Pläne, unterhalb des Hügels eine Schnellstaße vorbeizuführen, die Tara zwangsläufig von den in der Umgebung liegenden, zugehörigen Kultstätten abschneiden würden.

Besichtigung Die Überreste der meisten Gebäude sind nur noch als von Gras überwachsene Bodenerhebungen erkennbar. Große Bedeutung wurde stets der **Banquet Hall** zugeschrieben, die mit 210 m Länge und 27 m Breite zu ihrer Zeit das größte Holzbauwerk auf den gesamten Britischen Inseln gewesen und rund 1000 Menschen Platz geboten haben soll. Eindrucksvoll wurden die großen Feste und die religiösen Zeremonien geschildert, die hier alle drei Jahre ausgerichtet wurden – bis sich in den letzten Jahren unter Archäologen die Meinung durchsetzte, dass es die Banketthalle nie gegeben hat. Man nimmt nun an, dass die immer noch sichtbaren Erdwälle einen Kultplatz markierten.

Den gesamten oberen Bereich des Hügels, nordwestlich der Kirche, nimmt mit seinem etwa 350 mal 270 m messenden, von einem Graben umgebenen Oval das **Fort of Kings** ein. Es umschließt das *Cormac's House*, das Haus des Königs, eine *Royal Seat* genannte Versammlungsstätte und den *Mound of the Hostages* (Grabhügel der Geiseln). Von Cormac's House und vom Royal Seat ist lediglich bekannt, dass es sich ursprünglich um Holzkonstruktionen handelte. Außer flachen runden, von Gräben umgebenen Hügeln blieb jedoch nichts erhalten. Die moderne **Statue of St. Patrick** erhebt sich heute im Zentrum des Hauses des Königs. Der daneben liegende Stein ist möglicherweise der einstige **Coronation Stone** (Krönungsstein), auf dem der König während der Zeremonie stand. Unter dem *Mound of the Hostages* fanden Archäologen die Überreste von 40 Toten sowie bronzezeitliche *Grabbeigaben* – Schmuck, Waffen und Keramikgefäße aus der Zeit um 1400 v.Chr. Ihren Namen verdankt die Bestattungsstätte dem allerdings erst später belegten Brauch der Könige von Tara, sich die Loyalität lokaler Fürsten dadurch zu sichern, dass man ihre Söhne als Geiseln hielt.

Südlich des großen Ovals erkennt man die Reste einer Anlage, die **Laoghaire's Fort** genannt wird. Im Norden des Geländes liegt der Grabhügel **Grainne's Fort**. Dessen Überbleibsel erinnern an die tragische Liebesgeschichte von Grainne, der Tochter König Cormacs, die zwar in eine politische Eheschließung einwilligte, dann aber mit dem jungen Diarmuid das Weite gesucht hatte.

Im **Fort of the Synods**, einem Bauwerk aus christlicher Zeit, hielten die Heiligen *Patrick*, *Brendan* und *Rúadhán* Versammlungen ab, möglicherweise nahmen die christlichen Hochkönige hier auch religiöse Aufgaben wahr. Nebenan, auf dem um die St. Patrick's Church, erhebt sich das **Adamnáns Cross**. Der Stein ist zwar nach einem Schüler des hl. Columcille benannt, es könnte sich bei ihm jedoch ebenso um einen vorchristlichen Kultstein handeln.

i Praktische Hinweise

Hotel

Seamrog, Mrs. Joan Maguire, Tara, Tel. 046/902 52 96. Preiswertes Bed & Breakfast mit familiärer Atmosphäre.

3 Slane

Hübsches Dorf mit den nahe gelegenen Ruinen einer Franziskanerabtei.

Auf der N 51 von Navan kommend, erreicht man zuerst westlich des am Ufer des River Boyne gelegenen Ortes das 1785 erbaute **Slane Castle** (Führungen Mai–Anf. Aug. So–Do 12–17 Uhr, Tel. 041/988 44 00, www.slanecastle.ie). König Georg IV. verbrachte hier 1821 einige Monate, als er seine Mätresse in Irland besuchte. Entsprechend prachtvoll sind Innenräume und Gärten. Nach einem Brand im Jahr 1991 wurde die Burg restauriert und 2001 wiedereröffnet.

Das ›Ortszentrum‹ von Slane ist eine Kreuzung, an deren Ecken je ein georgianisches Haus steht. Eine örtliche Legende berichtet, die Gebäude seien für vier Schwestern errichtet worden, die sich nicht leiden konnten, aber das Bedürfnis verspürten, sich gegenseitig nicht aus den Augen zu lassen. Von größerer historischer Bedeutung als das kleine Dorf und die neogotische Burg ist der **Hill of Slane**. Der Hügel ist von Tara aus gut zu sehen,

Der heilige Patrick

Ob Padraigh, Paddy oder Pat – in jedem Fall hat der hl. Patrick Pate gestanden, der Mann, der das **Christentum** nach Irland brachte. Dabei ist weder sicher, dass er der Erste war, der versuchte, die neue Religion auf der Insel zu verbreiten, noch ist bewiesen, dass es wirklich das Jahr 432 war, als er auf ihr ankam.

Soweit bekannt, stammte er aus Britannien und war der Sohn eines römischen Zivilbeamten. Ob er bereits getauft war, als ihn Piraten im Alter von 15 Jahren nach Irland verschleppten, ist unklar. Sechs Jahre lang war er hier als **Viehhirte** tätig, ehe ihm die Flucht gelang. Nachdem er sich in Gallien zum Geistlichen ausbilden und zum **Bischof** hatte weihen lassen, kam er gegen 432 zurück und nahm – mit großem Erfolg – seine Missionstätigkeit auf.

Etwa zwei Jahrhunderte nach seinem Wirken begannen sich Legenden um ihn zu ranken. Sie berichten von **Wundertaten**, von Auseinandersetzungen mit den Druiden und davon, wie er diese mit ihren eigenen Mitteln schlug. Tatsächlich scheinen die Iren scharenweise zu ihm übergelaufen zu sein. Wahrscheinlich kannte Patrick die keltische Religion recht gut und ließ zu, dass viele ihrer Elemente in die christlichen Riten der irischen Kirche übernommen wurden. Auffallend ist, dass die Neugetauften oft eine starke Neigung zur büßenden Askese zeigten – ein Zug, der sich bis heute bei vielen Iren erhalten hat. Ausdruck findet er vor allem bei Wallfahrten, z. B. auf den **Croagh Patrick**, den heiligen Berg Irlands.

Aber nicht überall fand der Heilige Anklang. **Tara** etwa nannte er einen ›Ort der finstersten Abgötterei und des Druiden-Kults‹. Dort wurden, ebenso wie auf den umliegenden Hügeln, zu bestimmten Anlässen Feuer entzündet. Als Patrick auf dem Hügel von Slane in der Nacht vor dem offiziellen Frühlingsanfang seinerseits ein Osterfeuer entfachte, war das ein Tabubruch und eine Herausforderung an den regierenden Hochkönig **Laoghaire**. Doch Patricks Mut wurde belohnt: Der gesamte Hof ließ sich taufen, nur Laoghaire selbst verweigerte sich der Bekehrung.

Nachhaltige Auswirkungen hatte die Mission des irischen Nationalheiligen auch im Ausland. Seine Nachfolger, die iro-schottischen Mönche, christianisierten Britannien und gründeten zahlreiche Klöster auf dem Kontinent. Die bekanntesten sind das schweizerische St. Gallen und das italienische Bobbio.

und es ist mehr als wahrscheinlich, dass zwischen den beiden Erhebungen in vorchristlicher Zeit eine kultische Verbindung bestand. Das dürfte den hl. Patrick veranlasst haben, hier das erste *Osterfeuer* zu entzünden [s. S. 43]. Später errichtete er auf dem Hügel eine Kirche, aus der sich nach seinem Tod unter der Leitung des hl. Erc ein **Kloster** entwickelte. Als Slane, das bis ins 12. Jh. Bischofssitz war, diesen Rang verlor, verfiel das Kloster. Im 16. Jh. gründete *Sir Christopher Flemmyng* an seiner Stelle ein Kollegiatsstift.

Der *Hill of Slane* liegt etwa 1 km nördlich des Ortes links der N2. Vom Parkplatz am Ende der kleinen Auffahrtsstraße sind die Überreste des franziskanischen Stiftes zu sehen sind. Bei gutem Wetter lohnt die herrliche Aussicht über das Boyne-Tal einen Aufstieg auf den Turm, bei Regen ist die Treppe allerdings sehr rutschig.

i Praktische Hinweise

Hotel

The Old Post Office, Main Street, Slane, County Meath, Tel. 041/982 40 90, www.theoldpostoffice.ie. Bed & Breakfast mit Restaurant.

4 Newgrange, Knowth und Dowth

Das Boyne Valley gilt als der Friedhof der Könige von Tara. Tatsächlich sind die Grabanlagen jedoch viel älter.

Vor fast 5000 Jahren blühte im Tal des Boyne eine Kultur, deren faszinierendste Hinterlassenschaft die **Ganggräber** von Newgrange, Knowth und Dowth (www.knowth.com) sind. Über Herkunft, Leben und Religion der Erbauer dieser Gräber ist kaum etwas bekannt. Vermutlich waren es Bauern und Viehzüchter, die jedoch bereits einen hohen Grad der Spezialisierung erreicht hatten. Spätere keltische Bewohner des Boyne Valley hielten die Gräber für das Werk ihres Gottes Dagda und seiner Söhne und behandelten sie weiterhin als Kultstätten. Auch in der Bronzezeit waren in ihrer Nähe Angehörige adeliger Familien bestattet worden. In Überlieferungen, die auf diese Zeit zurückgehen, wird die Gegend um Newgrange *Brú na Bóinne*, ›Friedhof der Hochkönige‹, genannt. Auf dem gesamten Areal, das sich über 3 km an der Boyne entlangzieht, sind heute mindestens 25 Grabhügel nachgewiesen. Newgrange, Knowth und Dowth sind die größten von ihnen.

Dank ihrer Ausmaße gerieten die Anlagen nie in Vergessenheit und fielen auch

Die Spiralmuster auf dem Granitblock vor dem Ganggrab von Newgrange geben den Archäologen nach wie vor Rätsel auf

Eindrucksvolle Hinterlassenschaft der ›Boyne Valley Culture‹: Der monumentale Grabhügel von Newgrange …

Plünderern ins Auge. Vermutlich wurden die Grabbeigaben im 9. oder 10. Jh. von Wikingern geraubt. Eine Legende jedenfalls berichtet, dass sich der vorher mit ihnen verbündete König von Tara, *Aed Finnliath*, blutig dafür rächte, dass sie die sagenumwobenen Gräber geöffnet und versucht hatten, sich an den Beigaben zu bereichern.

Nur im Rahmen von Führungen durch das Office of Public Works (OPW) ist **Newgrange/Brú na Bóinne** (März/April/Okt. 9.30–17.30, Mai 9–18.30, Juni–Mitte Sept. 9–19, Nov.–Febr. 9.30–17 Uhr, Tel. 041/988 03 00, im Sommer können die Wartezeiten sehr lang werden) zu besichtigen.

TOP TIPP

Der heute sichtbare *Grabhügel* bietet nach der Restaurierung in den 70er-Jahren des 20. Jh. wieder in etwa den ursprünglichen Anblick. Er liegt an einem

… birgt in seinem Inneren eine Grabkammer. Ihre ausgereifte Bautechnik hält Feuchtigkeit ab und gewährleistet gleichmäßige Belüftung

Astrologie der Steinzeit

Die archäologische Untersuchung des Hügelgrabes von **Newgrange** erbrachte eine überaus erstaunliche Erkenntnis: Alljährlich am 21. Dezember, also am kürzesten Tag des Jahres, fallen die Strahlen der aufgehenden Sonne durch die **Roof box** direkt in die Grabkammer und erleuchten sie für 17 Min. Einst traf das Strahlenbündel mit **Millimetergenauigkeit** auf die in die Steinplatte am rückwärtigen Ende der Kammer eingeritzten Spiralmuster – inzwischen ist durch die nicht ganz gleichmäßige Drehung der Erdachse eine kleine Abweichung eingetreten.

Auch wenn der **Strahleneinfall** im Rahmen der Führung mit elektrischem Licht nachvollzogen wird, ist dies ein beeindruckendes Erlebnis. Es macht deutlich, wie exakt die Architekten der Boyne Valley Culture **Himmelsbeobachtungen** baulich umzusetzen verstanden. Allein diese technischen Fertigkeiten, die dazu nötig waren, lassen darauf schließen, wie hoch entwickelt die Kultur war.

Hang, der zur Boyne hin abfällt, ist 11 m hoch und hat einen Durchmesser von 80 m. Die weißen Quarzsteine an seiner Vorderfront wurden bereits vor fünf Jahrtausenden aus den zirka 80 km entfernten Wicklow Mountains hierher gebracht. Quer vor dem Eingang liegt ein *Granitblock*, der mit Spiralen- und Rautenmustern bedeckt ist; deren Bedeutung ist bis heute ein Rätsel.

Vom Eingang aus führt ein 20 m langer, leicht ansteigender Gang zur Grabkammer. Über den vorderen Decksteinen des Ganges wurde 1963 die sog. *Roof box* entdeckt, eine von Steinblöcken umrahmte Öffnung. Diese Konstruktion – soweit bekannt die einzige ihrer Art – ist 1 m breit und 90 cm hoch. Wer bis zur *Grabkammer* vorgedrungen ist, kann auch hier das architektonische Können der Steinzeitmenschen bewundern. Die Kammer ist kreuzförmig, in Kragbauweise errichtet und oben mit einer Deckplatte abgeschlossen. Diese Konstruktion hat nicht nur 5000 Jahre überdauert, sondern auch nie Wasser eindringen lassen. An den Wänden finden sich in den Stein eingeritzte Rauten- und Spiralmuster.

Nur wenige Kilometer entfernt liegt der Grabhügel von **Knowth**. Auch dieser kann nur im Rahmen von Führungen durch das Visitor Centre besichtigt werden (Mai–Okt.), allerdings nur von außen. Dabei sind vor allem die Spuren von Interesse, die von den verschiedenen Bewohnern über die Jahrtausende hinweg zurückgelassen wurden. Auch Knowth wurde ab 1962 untersucht. Dabei fand man im Inneren des Hügels zwei Ganggräber und in seiner Umgebung weitere 17 von kleineren Ausmaßen. Der archäologische Befund ergab, dass der Hügel von Knowth in vier verschiedenen Perioden zwischen der neolithischen Epoche und der Zeit der Normannen als Kult- und Wohnstätte diente.

Der Grabhügel von **Dowth** hat einen Durchmesser von 85 m und ist 15 m hoch; die Stätte ist bislang nicht zugänglich, der Hügel allenfalls von der Straße aus zu betrachten. Er stammt aus derselben Zeit wie diejenigen von Newgrange und Knowth, das heißt, auch er ist älter als die ägyptischen Pyramiden!

i Praktische Hinweise

Information

Brú Na Boinne (Newgrange) Tourist Office, Donore, Tel. 041/988 03 05

5 Mellifont Abbey

Ruinen eines bedeutenden Zisterzienserklosters in ruhiger, bewaldeter Umgebung.

Mellifont Abbey spielt unter den Klöstern Irlands eine herausragende Rolle. Es entstand 1142 als erste Zisterzienserabtei auf irischem Boden und war in den folgenden 150 Jahren in geistiger wie architektonischer Hinsicht das Vorbild für weitere 35 Klöster des Ordens auf der ganzen Insel. Die Abtei kam dank der großzügigen Spenden zahlreicher weltlicher Würdenträger zu großem Reichtum. Doch schon in der 2. Hälfte des 13. Jh. erlebte der gesamte Orden einen Niedergang. Im 15. Jh. wurde das Kloster dann mehrfach geplündert und 1539 schließlich aufgelöst.

Von dem **Kloster** und der **Abteikirche** (Mai–Ende Okt. tgl. 10–18 Uhr, letzter Einlass 17.15 Uhr, Führungen auf Wunsch, Tel. 041/982 64 59) sind im Wesentlichen Fundamente erhalten. Sie lassen aber immerhin den Plan erkennen, dem man bei der Anlage von ›Fons mellis‹ (Mellifont), der ›Honigquelle‹ und fortan bei allen irischen Zisterzienserklöstern des 12. Jh. folgte. Zentraler Bauteil ist ein rechteckiger, von einem Kreuzgang umgebener *Hof*, an den sich im Norden die Kirche und im Osten der Speisesaal, die Küche und die Schlafsäle anschließen. Der einst hier vorherrschende gotische Baustil lässt sich am besten an den Ruinen des Kapitelhauses und des Lavabo ablesen.

Das **Kapitelhaus**, das östlich an das Refektorium grenzt, entstand im 14. Jh. als letzter Bauabschnitt von Mellifont. Zu sehen sind noch das Kreuzrippengewölbe und die Pfeiler des Portals. Außerdem werden in dem Gebäude verschiedene, in Mellifont vorgefundene Architekturfragmente aufbewahrt. Das **Lavabo**, der Waschraum, ist der am besten erhaltene und zu Recht berühmteste Teil der ehemaligen Abtei. Er liegt im Zentrum des Komplexes, dessen Atmosphäre von der Natur rundum bestimmt ist.

6 Monasterboice

Abgelegener Klosterbezirk mit einem der berühmtesten irischen Hochkreuze.

Die Hauptattraktion von Monasterboice ist zweifelsohne das mit prachtvollen Reliefs verzierte *Muiredach's Cross*, das sich auf dem Friedhof der Klosterruine zusammen mit weiteren Hochkreuzen erhebt.

Geschichte Den frühesten Quellen aus dem Jahr 759 zufolge gründete der Adlige *Buite*, latinisiert *Boecius*, das Kloster, wohl im frühen 6. Jh. Er soll zahlreiche Kranke geheilt, Blinde sehend gemacht und sogar Tote auferweckt haben. Nach Buites Tod im Jahr 520 führten andere Mönche das Kloster weiter; große Bedeutung als Ort der Studien und der Lehre erlangte es allerdings nie. Wiederholt wurde es von den Wikingern überfallen und seiner Reichtümer beraubt. Als die Dänen Mitte des 9. Jh. den nur 15 km entfernten Hafen *Annagassan* gründeten, scheint dies allerdings keine Bedrohung dargestellt zu haben – wahrscheinlich bekannten sich viele der ehemaligen Feinde inzwischen zum Christentum. Der irische Hochkönig *Domhnall* verwüstete Monasterboice im Jahr 969 und verbrannte dabei laut einer Chronik auch 300 ›Fremde‹ – vermutlich wikingische Mitglieder der Mönchsgemeinde.

Das Bildprogramm des Westkreuzes von Monasterboice gewährt Einblicke in die mittelalterliche Glaubenswelt

Zwar wurde der Klosterbetrieb nach der Jahrtausendwende noch einmal aufgenommen, die Blütezeit aber war vorüber. 1122 wurden die letzten Gebäude verlassen.

Besichtigung Der Klosterbezirk von Monasterboice ist leicht überschaubar. Der Rundturm und die Ruinen der beiden Kirchengebäude springen dem Besucher nach dem Betreten des Geländes sofort ins Auge. Der Hauptanziehungspunkt, **Muiredach's Cross**, ist nicht zu übersehen. Dieses Kreuz markiert einen der Höhepunkte der Relief-

TOP TIPP

Hochkreuze

Die irischen Hochkreuze gehören zu den bedeutendsten Werken der christlichen Kunst. Über 100 sind – zumindest in Bruchstücken – erhalten. Obwohl ihr **Ursprung** noch immer Rätsel aufgibt, ist eine Verbindung zu den Kelten nicht auszuschließen, denn auch sie hatten zu kultischen Zwecken Steinmale aufgestellt. Vermutlich wurden diese später mit Kreuzsymbolen versehen und christlich umgedeutet, schließlich gar insgesamt in Kreuzform gebracht.

Besonderes Merkmal der Hochkreuze ist der **Kreis** um den Schnittpunkt von Schaft und Armen. Einer Theorie zufolge soll er aus dem keltischen **Sonnensymbol** hervorgegangen sein. Eine zweite Theorie besagt, dass es sich bei dem Ring lediglich um eine **Stütze** der Kreuzarme handelte, die nötig gewesen war, solange die Kreuze noch aus Holz hergestellt wurden; bei der Umsetzung in Stein sei die Kreisform dann mit übernommen worden. Eine dritte Forschermeinung stellt einen Zusammenhang mit koptischen Kreuzen her, die einen ähnlichen Kreis aufweisen, manche von ihnen haben zudem eine Basis, die sich nach oben hin verjüngt und den Berg Golgatha darstellen soll. Dieselbe konische Form findet sich auch bei den Sockelsteinen der irischen Hochkreuze.

Die ältesten Hochkreuze stammen aus dem 8. Jh. und sind vorwiegend mit Spiralen und Flechtwerkmustern verziert. Figürliche Darstellungen von Menschen und Tieren sind in dieser frühen Zeit noch selten. Ab dem 9. Jh. jedoch treten **Illustrationen** biblischer Szenen auf, im 10. Jh. wird ein großer Teil der Kreuzoberfläche mit Feldern bedeckt, die Reliefs alt- und neutestamentarischer Themen enthalten. Fantasievolle **Flechtmuster** schmücken die übrigen Flächen.

Die Hochkreuze aus dem 12. Jh. unterscheiden sich stark von den früheren. Der Kreuzring wird kleiner oder verschwindet ganz, die **Figuren**, nun nicht mehr von Vierecken umrahmt, sind im Hochrelief ausgeführt, die Ornamentierung tritt gegenüber der Wiedergabe von Personen deutlich in den Hintergrund.

kunst des 10. Jh. Neben den figürlichen Darstellungen enthält es mehr als zwei Dutzend verschiedene Ornamente im iro-wikingischen Stil. Sein Name leitet sich von der – offensichtlich erst nach Fertigstellung des Kreuzes – in die Basis gemeißelten Inschrift ›OR DO MUIRDACH LASNDERNAD I CHROS‹ her, zu Deutsch: ›Ein Gebet für Muiredach, von dem dieses Kreuz gemacht wurde‹. Vermutlich war Muiredach ein Abt des Klosters.

Das Kreuz ist 5,30 m hoch, aus einem einzigen Stein hergestellt und enthält neben alt- und neutestamentarischen Bildthemen auch Figuren und Symbole, die nicht der christlichen Ikonographie entsprechen und heute nicht mehr entschlüsselt werden können.

Jeweils von unten nach oben betrachtet, ist auf den vier Seiten des Kreuzes Folgendes erkennbar: Auf der **Westseite** des Sockels sind ein Widder und eine Krabbe dargestellt. Darüber treten zwei Katzen plastisch hervor, eine mit einem Jungen, die andere mit einem Vogel in den Vorderpfoten. Das *erste Bildfeld* auf dem Kreuzschaft zeigt die Gefangennahme Jesu im Garten Gethsemane. In der Mitte des folgenden Reliefs steht Christus mit der zum Segen erhobenen Hand, neben ihm der ungläubige Thomas und eine nicht identifizierbare Figur. Im *dritten Feld* thront der auferstandene Jesus, der Paulus das Buch des neuen Gesetzes und Petrus die Schlüssel des Himmelreichs übergibt. Zu seinen Füßen liegt der Kopf des Satans. *Zentrales Bildmotiv* der Westseite ist die Kreuzigung Christi. Die Szenen auf den Armen des Kreuzes lassen sich nicht mehr eindeutig zuordnen. Im *obersten Feld*, das seinen Abschluss in einem steinernen Schindeldach findet, stützen Aaron und Hur den mit erhobenen Händen betenden Moses.

Auf der **Ostseite** von Muiredach's Cross sind die Figuren dichter gedrängt. Auch hier ist der *Sockel* Darstellungen von Tieren vorbehalten. Sie können als Stier, Löwe und Ziege identifiziert werden. Der folgende schmale Streifen dürfte zwei miteinander spielende Tiere zeigen. Im *untersten Bildfeld* verführt Eva unter dem Baum der Erkenntnis Adam mit dem Apfel. Neben ihnen erschlägt Kain seinen Bruder Abel mit einer Axt. Das darüber liegende Relief zeigt rechts David und den vor ihm knienden Goliath, der in der einen Hand Schwert und Schild hält und mit der anderen seine Stirnwunde betastet. Links sieht man den sitzenden

Biblische Szenen in Stein – eine der zentralen Szenen auf Muiredach's Cross ist das Jüngste Gericht mit der monumentalen Christusfigur im Schnittpunkt der Kreuzarme

Saul mit einem Trinkhorn und den mit Schild und Schwert bewehrten Jonathan. Im *dritten Bildfeld* schlägt Moses vor einer Versammlung staunender Menschen Wasser aus dem Fels. Das Relief darüber gibt eine Szene aus dem Neuen Testament wieder: die Heiligen Drei Könige – und wahrscheinlich einen Engel – bei der Anbetung des Jesuskindes, das von der sitzenden Maria im Arm gehalten wird. Eine Schilderung des Jüngsten Gerichts nimmt den Platz im *Schnittpunkt* der Kreuzarme ein. Christus als Weltenrichter mit Kreuz und Zepter steht im Zentrum des Geschehens. Über seinem Kopf schwebt eine Taube, darüber flankieren zwei Engel eine sitzende Figur, die ein Buch in Händen hat – vermutlich eine Aufzeichnung der guten und schlechten Taten der Menschheit. Zu Füßen Jesu durchbohrt Erzengel Michael den Satan, der seinerseits die Waage der Gerechtigkeit zu ergreifen versucht. Zur Rechten des Weltenrichters – für den Betrachter also links – führen musizierende Engel die Seligen zu Christus, die Verdammten auf dem anderen Kreuzarm aber werden von Teufeln mit einem Dreizack und mit Fußtritten in die Hölle getrieben. Den *oberen Abschluss* der Ostseite bildet ein Relief mit den Heiligen Antonius und Paulus von Theben in der Wüste.

Weniger bilderreich sind die beiden Schmalseiten des Muiredach's Cross, den Kreuzstamm zieren hier geometrische und Flechtbandornamente. Auf der **Nordseite** ist außerdem im Zentrum einer Aureole eine ›Hand Gottes‹ zu erkennen, darüber sieht man die Geißelung Christi, ganz oben sind die Heiligen Paulus und Antonius dargestellt. Die beiden Bildfelder auf der **Südseite** zeigen Pontius Pilatus, der seine Hände in Unschuld wäscht, und die Flucht nach Ägypten.

Nahe der Nordkirche steht das etwas jüngere **Westkreuz** aus dem späten 10. Jh. Mit seinen fast 7 m Höhe ist es das größte aller irischen Hochkreuze – und eines der künstlerisch wertvollsten. Allerdings ist es stark beschädigt: einerseits durch die Verwitterung, zum anderen, weil von seinem Schaft immer wieder kleine Stückchen abgeschlagen wurden; man sagte dem Kreuz – also auch Fragmenten davon – eine besondere Heilkraft nach. Vor allem der untere Teil hat stark gelitten. Von den Szenen besonders hervorzuheben ist die Himmelfahrt Christi auf der Ostseite, der elf Apostel beiwohnen – Judas Ischariot wurde weggelassen. Auf dem linken Kreuzarm ist die Gefangennahme Jesu im Garten Gethsemane zu sehen, auf dem rechten der Erzengel Michael, der den Satan besiegt.

In der Nordostecke des Areals schließlich befindet sich, von einem niedrigen Geländer umzäunt, das **Nordkreuz**. Auf ihm sind eine Kreuzigungsszene und eine hauptsächlich aus Spiralmustern bestehende Ornamentierung zu erkennen. Der originale Schaft des ursprünglich knapp 5 m hohen, sehr schlichten Kreuzes wurde erneuert. Die granitene **Sonnenuhr** daneben diente zur Festlegung der Zeiten für Messen und bestimmte Gebete. Unter dem eigentlichen ›Zifferblatt‹ sind zwei Kreuze eingeritzt, darunter eine kleinere, kreisrunde Marke. Dem Volksglauben zufolge kann man sich durch Reiben an dieser Stelle von Warzen befreien.

Die **Nordkirche** wurde um 1300, also nach der Auflösung von Monasterboice, als Pfarrkirche errichtet. Die ältere **Südkirche** dagegen dürfte noch zur Klosteranlage gehört haben. Ein Hinweis darauf ist das steinerne Becken, das nahe dem Eingang im Kircheninneren steht. Solche *Bullauns* (›kleine Schüsseln‹) wurden von den Mönchen als Weihwasserbecken benutzt, vielleicht auch zum Mahlen von Heilkräutern. Da sie meist an frühchristlichen Stätten gefunden wurden, liegt die Vermutung nahe, dass sie bereits bei heidnischen Riten Verwendung fanden.

Der etwa 1000 Jahre alte **Rundturm** neigt sich leicht zur Seite; offensichtlich hat sich der Untergrund bereits während des Baus gesenkt, denn im Mauerwerk ist eine Stelle erkennbar, die die Neigung ausgleicht. Der Turm, heute noch knapp 34 m hoch, erreichte einst eine Höhe von etwa 40 m und war damit möglicherweise der höchste Rundturm Irlands. Die Klosterannalen berichten von seiner Brandschatzung im Jahre 1097. Ob das konische Dach bei dieser Gelegenheit eingestürzt ist oder später durch Blitzschlag zerstört wurde, ist nicht geklärt.

7 Malahide Castle

Ehemaliger Familiensitz der Talbots mit original erhaltener mittelalterlicher Halle.

Von 1174, dem Jahr, in dem König Henry II. den Talbots das Land von Malahide übertrug, bis 1976 war das Schloss – mit einer kurzen Unterbrechung während des Cromwellschen Feldzuges – im Besitz der Familie Talbot, dann verkaufte es die letzte Erbin an das *Dublin County Council*.

Die ältesten Teile von Malahide Castle (Mo–Sa 10–17, außerdem April–Sept. So/Fei 10–18, Okt.–März So/Fei 11–17 Uhr, Tel. 01/846 21 84, www.malahidecastle.com; Führungen auch in deutscher Sprache) sind ein **Turm** und die **Große Halle**, aus dem 14. bzw. 15. Jh. Während der Turm viele Umbauten erfuhr, hat die Halle ihr mittelalterliches Aussehen über die Jahrhunderte hinweg bewahrt. Die Gemälde,

Malahide Castle ist ein beliebtes Ausflugsziel ▷
Oben: *... mit seinen romantischen Gemäuern*
Unten: *... und dem idyllischen Schlosspark*

die heute ihre Wände zieren, gehören zur Porträtsammlung der Nationalgalerie. Im **Oak Room**, einem kunstvoll getäfelten Turmzimmer, ist über dem Kamin ein flämisches Gemälde aus dem 16. Jh. zu sehen – eine Madonna, die der Familienlegende zufolge Malahide immer zusammen mit den Talbots verließ und wunderbarerweise jedes Mal wieder mit ihnen zurückkehrte.

Im Schloss untergebracht ist auch das **Fry Model Railway Museum** (April–Sept. Mo–Sa 10–13 und 14–17, So 14–18, Okt.–März tgl. 14–17 Uhr) mit einer Sammlung von Modelleisenbahnen.

i Praktische Hinweise

Hotels

****Island View**, Coast Road, Malahide Tel. 01/845 00 99, Fax 01/845 14 98, www.islandviewhotel.ie. Familienbetriebenes Hotel mit Blick auf den Strand.

Heather View, Mrs. und Mr. Halpin, Kinsealy, Malahide Road, Malahide, Tel. 01/845 34 83, Fax 01/845 38 18, www.heatherview.com. Modernes Bed & Breakfast unweit vom Malahide Castle.

8 Dun Laoghaire

Ein Hafenort und der Turm eines berühmten Schriftstellers.

Dun Laoghaire (›Dan Liri‹ gesprochen) war immer in erster Linie Hafenstadt. Als solche erhielt sie bereits 1834 eine Schienenverbindung mit Dublin. Während es früher die Ankunft des Postschiffs war, der man erwartungsvoll entgegensah, hat heute die Fähre von und nach Holyhead die größte Bedeutung. Darüber hinaus ist Dun Laoghaire einer der wichtigsten Jachthäfen Irlands. Die frühere **Mariner's Church** beherbergt heute das **Maritime Institute Museum** (vorauss. bis Frühjahr 2008 geschl.), das der maritimen Tradition des Ortes Rechnung trägt; ausgestellt sind Boote sowie Modelle von berühmten Schiffen.

Für literarisch Interessierte hat jedoch ein anderes, nicht weit von Dun Laoghaire gelegenes Ziel vorrangige Bedeutung: **Joyce's Tower** (März–Okt. Mo–Sa 10–13 und 14–17, So/Fei 14–18 Uhr) in Sandycove, etwa 1 km südlich des Hafens. Er ist einer der sog. *Martello-Türme*, die Anfang des 19. Jh. gebaut wurden, um einer französischen Invasion vorzubeugen. Den Namen Joyce's Tower verdankt er dem literarischen Jahrhundertwerk ›Ulysses‹, in dem er Schauplatz des ersten Kapitels ist. Tatsächlich diente der Turm James Joyce und dessen Freund Oliver St. John Gogarty 1904 einige Zeit als Aufenthaltsort. 1962 wurde hier ein *Museum* eingerichtet, in dem seltene Ausgaben von Joyce's Büchern, historische Fotografien und einige persönliche Artikel des Dichters ausgestellt sind, darunter eine Gitarre, ein paar Dokumente und eine Brieftasche – leer wie ehedem. Mittelpunkt von Feierlichkeiten und Veranstaltungen wird der Turm jedes Jahr am 16. Juni, dem *Bloomsday*.

In unmittelbarer Nähe des Turmes liegt **Forty Foot**, eine Badestelle, die nach altem Brauch Männern vorbehalten ist. Um Forty Foot herum tummeln sich inzwischen aber auch, sommers wie winters, zahlreiche Damen – wohl um den Brauch zu unterlaufen bzw. zu unterschwimmen.

i Praktische Hinweise

Information

Tourist Office, Ferry Terminal, Harbour, Tel. 01/605 77 00

Hotels

****Kingston Hotel**, Adelaide Street, Dun Laoghaire, Tel. 01/280 18 10, Fax 01/280 12 37, www.kingstonhotel.com. Familienbetrieb mit Blick auf die Dublin Bay, 15 Min. vom Stadtzentrum entfernt.

Lynden, Steve & Maria Gavin, 2 Mulgrave Terrace, Dun Laoghaire, Tel. 01/280 64 04, Fax 01/230 22 58, lynden@iol.ie. Bed & Breakfast.

9 Glendalough

TOP TIPP

Im ›Tal der zwei Seen‹ liegt der vielleicht stimmungsvollste der frühchristlichen irischen Klosterbezirke.

Eingebettet in die reizvolle Hügellandschaft der Wicklow Mountains mit altem Eichenbestand, scheint Glendalough förmlich dazu bestimmt zu sein, eine mystische Kultstätte zu beherbergen. Am frühen Morgen, wenn Nebel über den Seen liegt und das Tal sich noch nicht mit Menschen gefüllt hat, ist ein Spaziergang durch die Ruinen und entlang der Seeufer ein unvergessliches Erlebnis.

Voll geheimnisvollem Zauber: Ein Morgenspaziergang im Klosterbezirk von Glendalough ist ein einzigartiges Erlebnis

Geschichte Das Kloster Glendalough wurde im 6. Jh. vom *hl. Kevin* gegründet, der ein Lebensalter von 117 Jahren erreicht haben soll. Legendär wie sein Alter sind auch die Geschichten, die man von ihm erzählt. So beispielsweise jene von der Amsel, die ihre Eier in die Hand des stehend in Meditation versunkenen Heiligen legte – der daraufhin in unbewegter Haltung ausgeharrt haben soll, bis die Jungen ausgeschlüpft waren. Auf Drängen einer immer größer werdenden Schar von Bewunderern rief er im oberen Teil des Tals, wohin er sich auf der Suche nach Abgeschiedenheit zurückgezogen hatte, eine Mönchsgemeinde ins Leben und errichtete dort eine kleine Kirche. Als die Gemeinde weiter anwuchs, übersiedelte er mit ihr zum *Unteren See*, dorthin also, wo sich der Großteil der heutigen Klostergebäude befindet. Archäologische Untersuchungen verweisen diese Siedlung zwar in eine Epoche deutlich nach Kevins Lebenszeit, aber wirklich rekonstruierbar ist die frühe Entwicklungsgeschichte von Glendalough nicht. Sicher allerdings ist, dass das Kloster nach Kevins Tod rasch an Bedeutung gewann, zu einem viel besuchten **Wallfahrtsort** wurde. Selbst heute noch besuchen jedes Jahr am 3. Juni, dem *St. Kevin's Day*, zahlreiche Pilger das Tal. Darüber hinaus erwarb sich das Kloster bald einen Ruf als **Bildungsstätte**, der weit über Irland hinaus reichte. Von den Gebäuden, die damals zu der ›Klosterstadt Glendalough‹ gehörten, steht nur noch ein sehr kleiner Teil. Die Mönche – und Nonnen! – lebten in hölzernen, reetgedeckten Häusern, von denen nichts erhalten ist. Daneben gab es Viehställe, Scheunen und Wirtschaftsgebäude, die im Laufe der Jahre immer wieder Bränden zum Opfer fielen, daraufhin Neubauten weichen mussten und inzwischen gleichfalls völlig verschwunden sind. Auch von der früheren Umfriedung des Klosterbezirks zeugt nur noch ein Torbogen, in dem sich einst das Pförtnerhaus befand.

Aufgrund der Bedeutung Glendaloughs wurden schon früh Annalen verfasst, die die Abfolge der Äbte ebenso genau verzeichneten wie Wikingerüberfälle, Brände und dergleichen mehr. Die große Zeit des Klosters endete mit der Normanneninvasion im Jahr 1170 und der bald darauf folgenden Eingliederung in das Erzbistum Dublin.

Besichtigung Einen ersten Eindruck von der einstigen Gestalt der Anlage vermittelt ein *Modell* im **Visitor Centre** (Mitte März–Mitte Okt. tgl. 9.30–18, sonst bis 17 Uhr, Tel. 04 04/453 52; der Klosterbezirk selbst ist jederzeit zugänglich). Ein hier vorgeführter Film und Funde aus dem Klosterbezirk veranschaulichen dessen Geschichte. Auf komfortabel angelegten Gehwegen gelangt man zur Hauptgruppe der Ruinen. Das im wahrsten Sinne des Wortes herausragendste Bauwerk ist der etwas mehr als 30 m hohe **Rundturm**. Sein Kegeldach wurde mit Originalsteinen restauriert, die man im Turm vorfand, insofern bietet er nun wieder den ursprünglichen Anblick. Der Eingang, zum Schutz vor Angreifern 3 m über dem Erdboden, führte in die oberen, mittels Balkenkonstruktionen eingezogenen Stockwerke.

Westlich des Turms befinden sich die Ruinen von **St. Mary's Church**, auch *Our Lady's Church* genannt. Das Gotteshaus ist das älteste Gebäude am Unteren See. Sein Chor wurde wahrscheinlich erst im 12. Jh. angefügt. Bemerkenswert ist vor allem das Portal der Westfassade, das aus massiven Granitblöcken besteht, die sich leicht nach innen neigen. In die Unterseite des Türsturzes ist ein Kreuz eingemeißelt, das vielleicht einen Asylbezirk markierte. Es wird vermutet, dass in dieser Kirche Frauen, evtl. auch Nonnen, ihre Gebete verrichteten.

Östlich des Rundturms erhebt sich ein **Torbogen**. Er war einst mehrstöckig, trug vielleicht sogar einen Turm. Als Verteidigungsanlage wird dieser Bau wohl nicht gedient haben. Viel eher wird er die Funktion gehabt haben, die in Kirchen der Vorhalle, dem Narthex, zukommt: Der Eintretende darf nicht unvermittelt vom profanen in einen sakralen Bereich gelangen, er muss rituell ein Zwischenstadium durchlaufen, in diesem Fall den Torbogen durchschreiten. Das schließt jedoch eine profane Nutzung des Torbogens keinesfalls aus. Hier wurden wohl Gäste begrüßt oder ein- und ausgehende Waren kontrolliert. Auch andere irische Klöster hatten vergleichbare Toranlagen, nur diese blieb erhalten.

Vom Bogen führt der Weg weiter zur **Kathedrale**, die den Heiligen Peter und Paul geweiht war. Sie ist nicht nur das

Der Rundturm von Glendalough bot Schutz vor Wikingerüberfällen ▷

größte Gebäude auf dem Gelände, sie dürfte zu ihrer Zeit auch die größte Kirche in ganz Irland gewesen sein. Der Bau stammt im Wesentlichen aus dem 9./10. Jh., das Mauerwerk verrät jedoch mehrere Erweiterungen und Umbauten. Ihre Funktion als Kathedrale erfüllte sie bis zur Zusammenlegung der Diözesen Glendalough und Dublin im Jahre 1214. Im Südwesten schließt sich ein *Friedhof* an, auf dem über Jahrhunderte hinweg Bestattungen vorgenommen wurden. In Anlehnung an die Tatsache, dass später die Priester der Umgebung hier ihre letzte Ruhestätte fanden, bekam das spätromanische Kirchlein in seiner Mitte den Namen **The Priest's House**. Der Bau aus dem 12. Jh. wurde in den 1870er-Jahren einer Teilrestaurierung unterzogen.

Hügelabwärts – noch unterhalb von **St. Kevin's Cross**, einem schlichten, monolithischen Hochkreuz aus dem 6. oder 7. Jh. – liegt das architektonisch bedeutendste Bauwerk Glendaloughs, **St. Kevin's Church**. Wie das Haus des hl. Columba in Kells, das ebenfalls im 9. Jh. entstanden sein dürfte, und die ca. 250 Jahre jüngere Cormac's Chapel auf dem Rock of Cashel [Nr. 15] weist es jene Dachkonstruktion auf, die man als genuin irischen Beitrag zur Architekturgeschichte bezeichnen kann: Der *Innenraum* wird von einem Tonnengewölbe gedeckt, über dem sich ein Dach in Kragbauweise erhebt. An der Westseite wurde nachträglich ein Rundturm aufgesetzt. Da er an den Rauchabzug einer Küche erinnert, erhielt die Kirche den Beinamen ›St. Kevin's Kitchen‹.

Auf der anderen Seite der kleinen Brücke direkt bei der Kirche führt die *Green Road*, ein Fußweg, der sich an der Südseite der beiden Seen entlangzieht, nach rechts zur Stätte der älteren Klostersiedlung am *Oberen See*. Die Ausschilderung verweist auf den *Poulanass Waterfall*, etwas hügelaufwärts, und auf die **Reefert Church**, deren Reste auf einer Plattform inmitten eines Friedhofs liegen. Sie stammt wahrscheinlich aus dem 11. Jh. Noch ein Stück weiter westlich liegen einige weitere, der ersten Klosteranlage zugehörige Stätten, die jedoch schwer zugänglich sind: Nahe dem Seeufer ist **St. Kevin's Bed** in einen Felshang geschlagen. Diese Höhle soll dem Heiligen als Schlafstätte gedient haben. Auch das Fundament einer runden, steinernen Behausung westlich der Reefert Church, vermutlich eine der Bienenkorbzellen, wie sie auf der Dingle-Halbinsel zu sehen sind, wird mit ihm in Zusammenhang gebracht und deshalb **St. Kevin's Cell** genannt. Auf einem schmalen Streifen zwischen dem Oberen See und dem Hügel, über eine Treppe mit dem Bootsanlegeplatz verbunden, steht die Ruine von **Teampull na Skellig**, der Felskirche. Vom ersten Bauwerk an dieser Stelle ist so gut wie nichts erhalten, beim jetzigen Gemäuer handelt es sich um eine Rekonstruktion.

Geht man am Ostufer des Oberen Sees entlang zurück, sieht man auf der rechten Wegseite **The Caher**, ein Ringfort aus der Bronze- oder Eisenzeit. Die etwa 3 m dicken Wälle sind verfallen, in dem Rund von mehr als 30 m Durchmesser wachsen heute Bäume. Die Anlage liefert jedoch den Beweis, dass das Tal von Glendalough bereits sehr früh besiedelt war.

Lawrence O'Toole

In die Ära der Normanneninvasion fällt das Wirken von Lawrence O'Toole, der zweiten herausragenden Gestalt Glendaloughs nach dem hl. Kevin. 1128 als Sohn eines Kleinkönigs geboren, kam er in jungen Jahren zunächst an den Hof des Königs von Leinster, später in das Kloster. Aufgrund seiner geistigen Fähigkeiten stieg er in Glendalough bald zum Abt auf und wurde 1162 zum **Erzbischof** von Dublin ernannt. Er war vor allem um die Vermittlung zwischen Engländern und Iren bemüht, was ihm nicht nur Ansehen einbrachte. 1225 erfolgte seine **Heiligsprechung** – die Initiative dazu war aus der Normandie gekommen, wo er nach seiner Flucht aus Irland bis zu seinem Tod im Jahr 1180 gelebt hatte.

i Praktische Hinweise

Hotels

*****Glendalough Hotel**, Glendalough, Tel. 04 04/451 35, Fax 04 04/451 42, www.glendaloughhotel.com. Familienbetriebenes, einladendes Hotel in Haus aus dem 18. Jh. inmitten der Schönheit des Glendalough Naturparks.

Oakview, Mrs. Diane McCoy, Laragh, Tel. 04 04/454 53, www.glendalough.connect.ie. Bed & Breakfast in angenehmer Lage, gehobenes Niveau.

In den Südwesten – Ferienstrände und romantische Höhenzüge

Die Fahrt von Dublin in den Südwesten Irlands führt durch die Counties Carlow, Kilkenny, Tipperary, Wexford, Waterford und Cork – und damit durch eine äußerst abwechslungsreiche Geschichts-, Kultur- und Naturlandschaft. Der Südosten ist der sonnigste und niederschlagsärmste Teil der Insel. An seinen **kilometerlangen Dünenstränden** verbringen traditionellerweise die Einheimischen ihre Ferien. Aber auch die Urlauber vom Kontinent, die vor allem der Sehenswürdigkeiten wegen anreisen, kommen hier auf ihre Kosten. Unweit des Hafens von Rosslare trifft man auf jene Stelle, an der vor mehr als 800 Jahren die ersten Anglo-Normannen anlegten. Wo die Eroberer siedelten, hinterließen sie Burgen wie diejenigen von **Kilkenny** oder **Cahir** und gründeten Klöster wie **Jerpoint** oder **Hore Abbey**. Die fruchtbaren Ebenen im Landesinneren werden seit Jahrtausenden landwirtschaftlich genutzt, doch in den Hügel- und Bergregionen, etwa der Galtee Mountains im County Tipperary, gibt es noch weite, fast unberührte Natur. Diese **Berge** sind zwar keine 800 m hoch, bieten jedoch, da sie unmittelbar aus der Ebene aufsteigen, einen imposanten Anblick.

10 Wexford

Die hübsche Kleinstadt ist alljährlich Ziel von Opernfreunden – trotz ihrer blutigen Vergangenheit.

Wexford (18 000 Einw.) ist für jene Besucher, die mit der Fähre im Hafen von Rosslare ankommen, die erste irische Stadt, derer sie ansichtig werden.

Wie eine Reihe weiterer irischer Küstenstädte ist sie eine wikingische Gründung. *Waesfjord*, den ›sandigen Hafen‹, nannten sie die Skandinavier, die um 850 hier ankamen. Außer dem Namen erinnert heute jedoch nicht mehr viel an die Rolle, die diese in der Geschichte der Stadt spielten. Kurz nach ihrer ersten Landung in Irland nahmen 1169 dann die Normannen Wexford ein. Der wahrscheinlich härteste Schicksalsschlag aber kam 1649 mit Oliver Cromwell. Er ließ, da die Stadt sich ihm nicht ergeben hatte, drei Viertel der damals etwa 2000 Einwohner hinrichten.

◁ *Eine Landschaft, die Mythen entstehen lässt:* **Oben:** *Der See von Gougane Barra und* **Unten:** *... einsame Gebirgsregionen in der Grafschaft Cork*

Seit dem 19. Jh. ist die Bucht der einstigen Hafenstadt durch die Ablagerungen des *Slaney River* für Schiffe unpassierbar geworden. Die Quays liegen daher heute verlassen, das Zentrum erstreckt sich nunmehr im Bereich um die Main Street. Wo sich Cornmarket, North Main und Common Quay Street treffen, liegt der **Bull Ring**, ein Platz, auf dem im Mittelalter Stierkämpfe veranstaltet wurden und den Cromwell als Exekutionsstätte benutzte. Geht man durch Cornmarket und Abbey Street nordwärts, kommt man, vorbei an den Resten der normannischen *Stadtmauer*, zur **Selskar Abbey**. Obwohl die Abtei erst 1190 gegründet wurde, hält sich hartnäckig die Überlieferung, dass König Henry II. im Jahre 1172 hier 40 Tage verbrachte, um Buße zu tun für den Mord an Thomas Beckett, für den er verantwortlich war. Der ruinöse Zustand des Gebäudes ist ein Resultat von Oliver Cromwells Feldzug.

Direkt hinter Selskar Abbey erhebt sich das **West Gate**, das einzig verbliebene von ursprünglich sechs Stadttoren. Es wurde um 1300 erbaut und Ende des 20. Jh. renoviert. Nun sind Kunstgewerbeläden darin untergebracht und das **Westgate Heritage Centre** (April–Dez. 10–18, Jan.–März bis 17 Uhr; ein vorheriger Anruf wird empfohlen, Tel. 053/914 65 06), in dem man sich eine audio-visuelle Vorführung über die Geschichte Wexfords ansehen kann.

Bekannt ist Wexford vor allem für sein *Opera Festival* (www.wexfordopera.com), das alljährlich im Oktober stattfindet. 17 Tage werden Opern aufgeführt, daneben finden Dichterlesungen, Ausstellungen und Musikveranstaltungen statt.

i Praktische Hinweise

Information

County Wexford Tourism, 8a Westgate, Wexford, Tel. 053/915 29 00, Fax 053/914 34 06, www.wexfordtourism.com

Hotels

*****Faythe Guest House**, Swan View, Wexford, Tel. 053/912 22 49, Fax 053/912 16 80, www.faytheguesthouse.com. Historisches Haus am südlichen Stadtrand.

****Westgate House**, Wexford, Tel./Fax 053/912 21 67, www.wexford-online.com/westgate. Bed & Breakfast zwischen Bahnhof und Selskar Abbey.

Restaurant

Seasons, New Line Road, Wexford, Tel. 053/914 34 44. Das Restaurant im Whitford House Hotel tischt ausgezeichnete irische und französische Gerichte auf.

11 Waterford

Ansehnliche Provinzstadt mit einem Hauch von Mittelalter.

Die heutige Hauptstadt der gleichnamigen Grafschaft hat 44 000 Einwohner. Sie liegt an der Mündung des Flusses Suir. Berühmt ist sie für ihre Glasherstellung.

Geschichte Dank seines 16 km weit im Landesinneren gelegenen natürlichen Flusshafens erlangte das 915 von den Wikingern gegründete *Vadrafjord* bald eine wichtige strategische Bedeutung. 1170 versuchte hier eine irisch-wikingische Armee vergeblich, die Normanneninvasion Strongbows abzuwehren. Ein Jahr später besuchte König Henry II. die Stadt und versicherte sich ihrer Loyalität. 1210 ließ König John den Mauerring erweitern – Waterford wurde zur mächtigsten Stadt Irlands. Cromwells Belagerung 1649 konnte sie trotzen, im folgenden Jahr musste sie sich allerdings seinem Schwiegersohn Ireton ergeben. Nach der Niederlage James II. in der Schlacht an der Boyne verlor das königstreue Waterford schließlich seine Privilegien und seine Bedeutung.

Besichtigung Auf der Uferpromenade entlang des Suir passiert man zunächst die Einmündung der *Barronstrand Street*, der wichtigsten Einkaufsstraße Waterfords. Dem Fluss weiter folgend erreicht man **The Mall**, die parallel zu einem Stück der *normannischen Stadtmauer* verläuft. Diese ist nach derjenigen von Londonderry [Nr. 43] die am besten erhaltene in ganz Irland. Die jetzige Straße war bis 1735 ein Wassergraben. Nach seiner Trockenlegung entstanden hier einige der stattlichsten Gebäude der Stadt: das *Rathaus*, das *Theatre Royal* und der *Bischofspalast*. Weiter südwestlich, wo The Mall in die Parnell und die Manor Street übergeht, sind wiederum Teile der Stadtmauer mit dem *Watch Tower*, dem *Double Tower* und dem *French Tower* erhalten geblieben. Der **Reginald's Tower** ragt gleich hinter der Abzweigung von der Uferpromenade in die Höhe. Er wurde im 12. Jh. von den Normannen anstelle eines Vorgängerbaus der Wikinger von 1003 als wichtigster Teil der Stadtbefestigung errichtet und diente später als Münze, Munitionsdepot und Polizeistation. Heute dokumentiert darin das **Civic Museum** (Ostern–Mai tgl. 10–17, Juni–Sept. tgl. 10–18, Okt. tgl. 10–15, sonst Mi–So 10–15 Uhr, Tel. 051/30 42 20) die Geschichte Waterfords. Um die Ecke, in der Grey Friars Street, sind im **Heritage Centre** (Mai–Okt. tgl. 10–19 Uhr) vor allem Funde aus der Wikingerzeit ausgestellt. Das **Waterford Museum of Treasures** (Juni–Aug. tgl. 9.30–21, April, Mai und Sept. bis 18, Okt.–März 10–17 Uhr, www.waterfordtreasures.com) in *The Granary* am Hafen zeigt Funde aus 1000 Jahren Stadtgeschichte.

Direkt neben dem Heritage Centre sind die Ruinen der **French Church** zu sehen. Die 1240 erbaute Franziskanerkirche kam zu ihrem Namen, weil sie im 17. und 18. Jh. von Hugenotten benutzt wurde, die aus Frankreich geflohen waren. Einen Block weiter, am Cathedral Square, erhebt sich die **Christ Church Cathedral**, die im 18. Jh. an der Stelle einer

Begräbnisplatz oder heidnische Kultstätte: Die ursprüngliche Bedeutung des Browne's Hill-Dolmen ist nicht geklärt

gut 700 Jahre älteren wikingischen Kirche errichtet wurde. Hier ließ sich Strongbow 1170 mit Aoife, der Tochter des Königs von Leinster, trauen.

Praktische Hinweise

Information

Tourist Office Granary, 41 The Quay, Waterford City, Tel. 051/87 58 23, www.discoverireland.ie/southeast

Hotels

*****Granville**, Meagher Quay, Waterford, Tel. 051/30 55 55, Fax 051/30 55 66, www.granville-hotel.ie. Das luxuriöseste Hotel der Stadt liegt in Hafennähe mit Blick auf den River Suir.

Browns Townhouse, 29 South Parade, Waterford, Tel. 051/87 05 94, Fax 051/87 19 23, www.brownstownhouse.com. Angenehmes Guesthouse im Ortszentrum, in viktorianischem Stil erbaut.

Restaurant

Waterford Wine Vault Restaurant, High Street, Waterford, Tel. 051/85 34 44. Viel Atmosphäre, frischer Fisch und vegetarische Gerichte.

12 Browne's Hill Dolmen

Größtes Hünengrab Irlands.

Von den vielen Gräbern dieser Art, die es in Irland gibt, ist der Dolmen von Browne's Hill der mächtigste. Er liegt 200 m von der R 726 entfernt und ist von der Straße aus gut zu sehen. Die *Deckplatte*, die auf drei Tragsteinen ruht und auf einer Seite die Erde berührt, wiegt etwa 100 Tonnen! Das Grab stammt aus der Bronze- oder Jungsteinzeit und war vermutlich einst von einem Erdhügel bedeckt. In keltischer Zeit wurde es als Kultstätte benutzt. Für wen es ursprünglich errichtet wurde, ob es jemals Grabbeigaben enthielt oder ob es andere Funktionen erfüllte, ist unbekannt.

Weiter nordöstlich an der N 9 Richtung Dublin sind die beiden Ortschaften Castledermot und Moone für ihre Hochkreuze bekannt. Während das **Moone High Cross** etwas versteckt hinter dem Gemäuer einer kleinen Abtei liegt, stehen die beiden **Kreuze** von **Castledermot** auf einem Friedhof unweit der Hauptstraße.

Praktische Hinweise

Hotel

Barrowville Town House, Kilkenny Road, Carlow, Tel. 059/914 33 24, Fax 059/914 19 53, www.barrowville.com. Angenehmes Regency-Guesthouse an der N9.

13 Kilkenny

Reizvoller Ort mit imposanter Burg und hübscher Altstadt.

Dem hl. Canice, der hier im 6. Jh. eine Kirche (irisch: cill) baute und ein Kloster errichtete, verdankt das während der Sommersaison viel besuchte Kilkenny seinen

Wohnen in früheren Jahrhunderten
Oben: *Kilkenny Castle, eine wehrhafte Adelsresidenz, und das …*
Unten: … *schicke Bürgerhaus Rothe House*

Namen. Unauslöschlich verbunden ist dieser jedoch in erster Linie mit den Statuten, die das hier tagende Parlament 1366 erließ, um die zunehmende Assimilierung der Normannen an die irische Bevölkerung zu stoppen.

TOP TIPP Oberhalb einer Biegung des River Nore thront **Kilkenny Castle** (Juni–Aug. tgl. 9.30–19, Sept. 10–18.30, Okt.–März 10.30–12.45 und 14–17, April/Mai 10.30–17 Uhr, Tel. 056/7721450). Hier, an strategisch wichtiger Stelle, ließ Strongbow seine aus Ringwall und Holzturm bestehende Festung anlegen, hier begann sein Schwiegersohn William Marshall mit dem Bau der jetzigen Burg. 1391 erwarb sie James Butler, Earl of Ormond. Die Ormonds hatten das vererbbare Amt des Mundschenks (*Botiller*) englischer Könige innegehabt und waren von Henry II. mit dem Ehrentitel *Chief Butler of Ireland* ausgezeichnet worden. Als ihr Familiensitz wurde die Burg durch viele Umbauten zum Schloss; die jetzige Bausubstanz stammt im Wesentlichen aus dem 19. Jh. Bis 1935 lebten hier Butler-Nachkommen, diese mussten aber, weil der Unterhalt zu teuer wurde, nach und nach das Mobiliar versteigern, und 1967 ging das Schloss für IR £ 50 an die Stadt Kilkenny über. Nach einer gründlichen Renovierung kann es heute im Rahmen von Führungen besichtigt werden. Zu sehen bekommt man dabei *The Long*

Gallery, in der die Porträts der Familie Butler aufbewahrt werden, Repräsentationsräume und Schlafgemächer. Im Schloss finden überdies wechselnde Kunstausstellungen statt. Zu einem Spaziergang lädt der hübsch angelegte Garten ein, der bis in die Abendstunden hinein geöffnet ist. Auch die ehemaligen Stallungen gegenüber der Burg, in denen das *Kilkenny Design Centre* untergebracht ist, sind einen Besuch wert. Hier wird modernes, qualitätvolles Kunstgewerbe aus allen Teilen Irlands zum Kauf angeboten.

Nahe der Burg, liegt in der Rose Street **Shee's Almshouse**, ein früheres Armenhaus, das der Philanthrop *Sir Richard Shee* Ende des 16. Jh. gestiftet hatte. Später machte man das Gebäude mit der grauen Kalksteinfassade zum Hospital, heute beherbergt es das *Tourist Office*.

Biegt man in die High Street ein, kommt man kurz darauf an **The Tholsel**, dem Rathaus, vorbei, einem markanten Gebäude aus dem 18. Jh. Nördlich von ihm führt ein Gässchen mit dem Namen Butterslip hinunter zur St. Kieran Street. Linker Hand sieht man **Kyteler's Inn**, eines der ältesten Häuser Kilkennys. Das Pub hat dank seiner 300 Jahre alten Einrichtung eine gediegene Atmosphäre, die allerdings durch den Techno-Sound, der hier meist zu hören ist, eine gewisse Beeinträchtigung erfährt.

An der Filiale der *Bank of Ireland* am Treffpunkt von High Street und St. Kieran Street, erinnert eine Plakette daran, dass 1642–49 an dieser Stelle die Katholische Konföderation ihre Sitzungen abhielt. Sie ergriff Partei für König Charles I. und gegen das englische Parlament. Nach der Hinrichtung des Königs war sie deshalb vorrangiges Angriffsziel für Oliver Cromwell. Er belagerte sie fünf Tage lang, verlor dabei aber so viele Soldaten, dass er die Verteidiger schließlich unter militärischen Ehren abziehen ließ, um die Sache zu beenden. Kilkenny blieb von Zerstörungen weitgehend verschont.

Ein kleines Stück weiter, auf der linken Seite der Parliament Street, liegt das **Rothe House** (April–Okt. Mo–Sa 10.30–17, So 15–17, Nov.–März Mo–Sa 10.30–16.30 Uhr,

Geschichtsunterricht am historischen Ort: Die imposanten Säle und Gemächer der Burg von Kilkenny beherbergen heute die Ahnengalerie der Butlers von Ormond

Kilkenny, das nie größere Zerstörungen hinnehmen musste, präsentiert sich als eine der freundlichsten Städte in ganz Irland

Tel. 056/772 28 93, www.rothehouse.com). Das elisabethanische Gebäude wurde Ende des 16. Jh. von dem Kaufmann *John Rothe* in Auftrag gegeben. Im folgenden Jahrhundert war die Familie Rothe in der Konföderation aktiv und verlor nach der Niederlage von James II. ihren Besitz. Nach einer Renovierung im Jahre 1966 wurde im Rothe House ein Heimatmuseum eingerichtet.

Die **Smithwick's Brewery** am Ende der Parliament Street stellt eines der meistgetrunkenen Biere Irlands her. Sie wurde 1710 gegründet, aber die Brautradition geht bereits auf Franziskanermönche des 13. Jh. zurück, die das Kloster auf dem jetzigen Fabrikgelände bewirtschafteten.

Die Ruine der **Greyfriars Church** ist von der Straße aus zu sehen. Ihre Anmut hat durch die Betonstützen, die den Einsturz verhindern, stark gelitten.

In der Abbey Street, die beim Rothe House beginnt, steht das einzige erhaltene Stadttor aus normannischer Zeit, das **Black Freren Gate**, ganz in seiner Nähe die **Black Abbey**, eine Dominikanerabtei aus dem 13. Jh., die ihren Namen den schwarzen Mönchskutten verdankt.

TOP TIPP Die bei Weitem bedeutendste Kirche Kilkennys ist **St. Canice's Cathedral** (April/Mai/Sept. Mo–Sa 10–13 und 14–17, So 14–18, Juni–Aug. Mo–Sa 9–18, So 14–18, Okt.–März Mo–Sa 10–13 und 14–16, So 14–16 Uhr), eine der größten Kathedralen Irlands. Sie wurde zwischen 1251 und 1280 im Stil der englischen Frühgotik erbaut. Schon ca. 50 Jahre nach ihrer Vollendung stürzte das mit schwerem Blei gedeckte Kirchendach ein und riss den Turm mit sich. Im Zuge des Wiederaufbaus im 14. Jh. wurden die großartigen Fenster im Chor eingesetzt. Erstaunlicherweise blieben sie von den Maßnahmen unberührt, die der erste protestantische Bischof von Kilkenny, John Bale, anordnete, um der Kirche ein schlichteres Aussehen zu geben; der gesamte damalige Statuenschmuck fiel ihnen zum Opfer. Größere Schäden entstanden auch, als die St. Canice's Cathedral 1650 von Cromwells Truppen geplündert und als Stall benutzt wurde. Das Innere enthält heute gleichwohl noch einige Werke von historischer und künstlerischer Bedeutung: Den wahrscheinlich aus dem 7. Jh. stammenden *Thronstein* unter dem Bischofsstuhl im nördlichen Querschiff, das steinerne *Taufbecken* mit einem Relief, das die Heilige Dreifaltigkeit darstellt im nördlichen Seitenschiff, sowie über 100 Grab- und andere Monumente. Die bedeutendsten von ihnen sind diejenigen des Bildhauers *Rory O'Tunney*. Seiner Werkstatt entstammen die *Grabmäler* für *James Shortal* und *John Grace*. Der *Fußboden* des Chors besteht aus vier Marmorarten, von denen jede aus einer anderen irischen Provinz kommt: der graue aus Tyrone (Ulster), der schwarze aus Kilkenny (Leinster), der rote aus Kerry (Munster) und der grüne aus Galway (Connaught).

Direkt neben der Kathedrale erhebt sich der 30 m hohe *Rundturm*. Sein Dach fehlt, ansonsten ist er in gutem Zustand und kann bestiegen werden.

Praktische Hinweise

Information

Tourist Office, Shee's Almshouse, Rose Inn Street, Kilkenny, Tel. 056/775 15 00, Fax 056/776 39 55, www.discoverireland.ie/southeast

Hotels

***Hotel Kilkenny**, College Road, Kilkenny,Tel. 056/776 20 00, Fax 056/776 59 84, www.hotelkilkenny.ie. Komfortables Hotel inmitten eines großen Gartens.

Bregagh House, John & Rosanne Brennan, Dean Street, Kilkenny, Tel. 056/772 23 15, www.bregaghhouse.com. Bed & Breakfast gegenüber der Kathedrale.

Restaurant

Lacken House, Dublin Road, Kilkenny, Tel. 056/776 10 85. Eines der besten Lokale der Gegend; etwas außerhalb.

Die Skulpturen im Kreuzgang haben erfrischend humorvollen Charakter

14 Jerpoint Abbey

TOP TIPP *Besterhaltene Zisterzienserabtei Irlands, von großer baulicher Geschlossenheit und Präszenz.*

Bei einem Besuch von Jerpoint Abbey (März–Mai tgl. 10–17, Juni–Mitte Sept. 9.30–18.30, Mitte Sept.–Okt. 10–17, Nov. 10–16 Uhr, letzter Einlass 1 Std. vor Schließung, Tel. 056/772 46 23) beeindrucken sowohl die Gesamtanlage als auch die Details, vor allem der für Zisterzienserklöster untypische Skulpturenschmuck. Die Abtei wurde in der 2. Hälfte des 12. Jh. von einem der Herrscher des Königreiches Ossory gegründet und bestand etwa 400 Jahre lang. In ihr scheint ein sehr freier, mitunter regelrecht revolutionärer Geist geherrscht zu haben; so wurden hier beispielsweise die berüchtigten ›Statuten von Kilkenny‹ weitgehend missachtet. Die Anordnung der Ge-

Die Zisterzienserabtei Jerpoint Abbey ist so gut erhalten, dass es dem Besucher nicht schwer fällt, sich das mönchische Leben vergangener Tage vorzustellen

Krönungsstätte, Königssitz, Hochburg des Klerus: Auf dem Rock of Cashel haben sich wichtige Episoden irischer Geschichte abgespielt

bäude, die aus dem späten 14. und dem frühen 15. Jh. stammen, folgt im Wesentlichen dem durch Mellifont Abbey [Nr. 5] vorgegebenen Schema.

Prunkstück von Jerpoint Abbey ist der **Kreuzgang**, dessen hübsche Steinmetzarbeiten besonders hervorzuheben sind. Die Figuren, die die Zwillingssäulen zieren – Ritter, Bischof und groteske Figuren – sind nicht nur künstlerisch wertvoll, sondern haben auch einen wunderbar humorvollen Charakter.

Der **Klosterkirche**, die in eine Abteilung für Mönche und Laienbrüder gegliedert war, fehlt die Südwand; ihr ältester Teil jedoch, der iro-romanische *Chor* mit seinem Tonnengewölbe, ist erhalten. In ihm befindet sich das Grabmal von *Felix O'Dullany*, des 1202 verstorbenen ersten Abtes von Jerpoint und Bischofs von Ossory. An der Nordwand des Chors sind Spuren von Wandmalereien aus dem 15. oder 16. Jh. zu sehen, die die Wappen verschiedener Familien darstellen. Mit Hilfe der angebrachten Rekonstruktionszeichnungen sind sie gut erkennbar.

Unter dem **Vierungsturm** steht das *Grabmal* für *Robert Walsh* und *Katherine Power* – eines der Werke von *Rory O'Tunney* aus dem frühen 16. Jh. Auf dem Schaft des Kreuzes hat sich der Meister in lateinischer Schrift verewigt. Das *südliche Querschiff* beherbergt das vielleicht bemerkenswerteste Monument, das *Grabmal der Familie Butler*: Es stellt die zwölf Apostel als irische Adelige dar. Daneben sind zwei ›die Brüder‹ genannte, mit Kettenhemden bekleidete Ritter zu sehen.

15 Rock of Cashel

TOP TIPP *Majestätisch auf einem Felsen thronende Ruine – einst Krönungsstätte von Königen und Sitz von Bischöfen.*

Der weithin sichtbare Kalksteinfelsen, der einsam aus der fruchtbaren Ebene von Tipperary ragt, bietet mit den darauf sich erhebenden Resten mittelalterlicher Kirchengebäude einen imposanten Anblick.

Geschichte Der erste, dessen Name sich mit dem Ort verbindet, ist der legendäre König Corc. Um das Jahr 370 soll er die Stadt Cashel am Fuße der Anhöhe gegründet und seine Residenz hierher verlegt haben. Auf dem Berg ließ er ein *Caiseal* – so das irische Wort für Festung – erbauen. Bis ins 12. Jh. war das *Cashel of the Kings* der Sitz der Könige von Munster.

Aus der langen Reihe der historischen Ereignisse, die die Stätte erlebt hat, ragt vor allem der Besuch des hl. Patrick heraus. Er soll um 450 nach Cashel gekommen sein und den regierenden König getauft haben. Im Verlauf der Zeremonie soll der Heilige vehement mit seinem Stab aufgestoßen und versehentlich den Fuß des Königs durchbohrt haben. Man sagt, dieser habe geglaubt, es handle sich um einen Teil des Rituals, und er habe den Schmerz ertragen, ohne mit der Wimper zu zucken.

977 ließ sich der berühmteste aller irischen Regenten, *Brian Ború*, der später als Hochkönig in der Schlacht von Clontarf die Wikinger bezwang, in Cashel zum König von Munster krönen. Einen wichtigen Einschnitt in der Geschichte Cashels stellt das Jahr 1101 dar, in dem König *Murtagh O'Brien* der Kirche ein Geschenk machte, »wie es noch kein König jemals gemacht hatte, nämlich übergab er das *Cashel of the Kings* der Religion« – so eine Chronik. Bald darauf nahm man den Bau sakraler Gebäude in Angriff. 1647 schließlich war der Berg Schauplatz eines grauenhaften Gemetzels. Nach der Einnahme durch Cromwell's Feldherrn *Murrough O'Brien* fanden über 800 Menschen, die sich aus der Stadt hierher geflüchtet hatten, den Tod. Die letzte Katastrophe kam 1847, als ein Sturm einen Teil der Gebäude zum Einsturz brachte. 1869 wurde die Anlage auf dem Rock of Cashel zum *National Monument* erklärt.

Besichtigung Am Fuße des 30 m hohen Felsens liegt ein Parkplatz, von dem aus ein Weg zum Eingang des Rock of Cashel (Mitte März–Mitte Juni tgl. 9.30–17.30, Mitte Juni–Mitte Sept. tgl. 9–19, Mitte Sept.–Mitte März tgl. 9–16.30 Uhr, Tel. 062/614 37) führt. Der Kassenraum befindet sich in der *Vicar's Hall*, einem Gebäude aus dem 15. Jh. An ihn schließt sich ein kleines **Museum** an, in dem die wichtigsten Funde aus Cashel ausgestellt sind, darunter das Original von **St. Patrick's Cross**; an seinem ursprünglichen Standort vor der Kathedrale befindet sich nun eine Kopie. Das stark verwitterte Kreuz unterscheidet sich in seiner Form wesentlich von allen anderen bekannten Hochkreuzen. Der Ring um das Zentrum fehlt, dafür aber war es in seiner Gänze von einem Steinrahmen umgeben. Nur ein Teil davon ist erhalten. Das Relief auf der Westseite zeigt den gekreuzigten Christus, bei der Figur auf der Ostseite handelt es sich wahrscheinlich um den hl. Patrick. Der Sockel diente früher möglicherweise als Krönungsstein.

Das größte Bauwerk auf dem Rock of Cashel ist die im 13. Jh. errichtete **Kathedrale**. Sie wurde im 15. Jh. nach Westen hin um den Wohnturm des Bischofs erweitert und im Laufe ihrer Geschichte mehrfach restauriert. Stark zugesetzt haben dem Gotteshaus die Ereignisse, die der Eroberung von 1647 folgten. Zwar

Mönche aus Deutschland, die gekommen waren, um Spenden bei ihren reicheren Glaubensbrüdern zu erbitten, haben den Baustil von Cormac's Chapel beeinflusst

Eine würdige letzte Ruhestätte: Gräber auf dem Rock of Cashel. Am Fuße des Hügel liegt die Ruine von Hore Abbey

wurde es danach noch 100 Jahre lang benutzt, doch der Verfall war nicht mehr aufzuhalten. Ab 1748 übernahm *St. John's Cathedral* in der Ortschaft Cashel ihre Funktion.

Man betritt das Gebäude von Süden her durch ein gotisches Portal. Es fällt auf, dass der Chor erheblich länger ist als das Langhaus, wahrscheinlich deshalb, weil der Bau nie in seiner ursprünglich geplanten Länge ausgeführt wurde. Von der heutigen Ausstattung ist das Grabmonument des Erzbischofs *Miler Mac Grath* im Chor hervorzuheben. Dieser Kirchenfürst war zum protestantischen Glauben übergetreten und dafür von Elisabeth I. mit der Ernennung zum anglikanischen Bischof belohnt worden. So war er mehrere Jahre lang Bischof beider Konfessionen, und als er 1622 im ehrwürdigen Alter von 100 Jahren starb, soll er über 70 Ämter bekleidet haben.

Der fast 30 m hohe **Rundturm**, der an das nördliche Querschiff grenzt, dürfte zu dem Vorgängerbau aus dem 10. Jh. gehört haben.

Das bedeutendste Bauwerk auf dem Rock of Cashel ist die 1134 unter dem König und Bischof *Cormac MacCarthy* eingeweihte **Cormac's Chapel**. Sie weist einige Stilmerkmale auf, die in Irland einmalig sind, so etwa die Gliederung der Innen- und Außenwände durch Blendarkaden und einen annähernd kreuzförmigen Grundriss, der durch den Anbau von zwei Türmen an das Hauptschiff zustande kommt. Diese Elemente sind auch bei romanischen Kirchen im Rheinland anzutreffen – und tatsächlich bestanden zu MacCarthys Zeit enge Verbindungen zwischen Irland und Deutschland. Einige Jahre bevor die Arbeit an der Kirche aufgenommen wurde, hatten sich vier irische Mönche aus dem Kloster Regensburg in Cashel aufgehalten. Zwei von ihnen waren Bauleute; möglicherweise haben sie an der Planung von *Cormac's Chapel* mitgewirkt.

Ganz und gar irischem Baustil dagegen entspricht das Dach der Kapelle in Kragbauweise, wie sie auch bei der St. Kevin's Church in Glendalough [Nr. 9] oder beim Gallarus Oratorium auf der Halbinsel Dingle [Nr. 22] zu sehen ist. Zwischen diesem Steindach und dem Tonnengewölbe des Hauptschiffes liegt ein Raum, der früher als Schule genutzt wurde. Im **Inneren** fällt besonders der Übergang vom Hauptschiff zum Chor ins Auge. Der *Chorbogen* erhebt sich über vier Säulen und ist mit 30 realistisch dargestellten Köpfen geschmückt. Im Chor haben sich Reste von *Fresken* erhalten, deren Restaurierung Ende des 20. Jh. erfolgte. Auf der Westseite des Kapellenraums steht ein *Sarkophag*, von dem früher angenommen wurde, er sei derjenige des Königs Cormac; die Ornamentierung aus ineinander verschlungenen Schlangen- und Rankenmotiven lässt jedoch vermuten, dass er bereits ein Jahrhundert vor dessen Tod hergestellt wurde. Das *Tympanon* über dem ursprünglichen Eingangsportal auf der Nordseite ziert ein bemerkenswertes Relief: Ein großes Tier, wahrscheinlich ein Löwe, wird von einem Zentauren mit Pfeil und Bogen angegriffen.

Unterhalb des Rock of Cashel, von diesem aus gut zu sehen und zu Fuß leicht erreichbar, liegt die Ruine des Zisterzienserklosters **Hore Abbey**. Es wurde von Erzbischof *David MacCarwill* gegründet, dessen Episkopat von 1253 bis 1289 dauerte. Im 15. Jh. kam der Mittelturm hinzu.

Die Ortschaft **Cashel**, unterhalb des Kalksteinfelsens, hat sich ganz auf den Tourismus eingerichtet. Neben ihrer Hauptattraktion, dem *Rock*, besitzt sie außerdem die Ruine einer *Dominikanerprobstei* aus dem 13. Jh. In deren unmittelbarer Nähe befindet sich das *Heritage Centre* (März–Okt. tgl. 9.30–17.30 Uhr, sonst Mo–Fr), ein Freilichtmuseum mit einigen Wohnhäusern, einem Pub, einer Schmiede und einer Metzgerei aus den vergangenen drei Jahrhunderten.

Am Parkplatz unterhalb von St. Patrick's Rock liegt **Brú Ború** (Mai–Sept. Mo–Fr 10–17 Uhr, sonst eingeschränkte Öffnungszeiten, Tel. 062/611 22), ein weiteres der *Heritage Centre*, in denen irische Tradition gepflegt, also Theater gespielt (www.comhaltas.ie), musiziert, getanzt (Di–Sa 21 Uhr) und darüber hinaus irisches Kunsthandwerk angeboten wird.

i Praktische Hinweise

Hotels

TOP TIPP ****Cashel Palace Hotel, Main Street, Cashel, Tel. 062/627 07, Fax 062/615 21, www.cashel-palace.ie. Das 1730 in georgianischem Stil erbaute Haus am Fuße des Rock of Cashel ist elegant und stilvoll möbliert und hat eine wundervoll freundliche Atmosphäre.

Teach Gobnathan, Mrs. M. Merigan, Glen of Aherlow, Golf Links Road, Brookville, Tel. 062/516 45. Bed & Breakfast ca. 15 km außerhalb, nahe der Stadt Tipperary, in lieblicher Umgebung.

Restaurant

Chez Hans, Moor Lane, nahe der Main Street Richtung Dublin, Cashel, Tel. 062/611 77. Großartiges Restaurant mit hervorragenden Gerichten in einem ehemaligen Kirchengebäude. Gehobene Preisklasse.

Klöster und Rundtürme

Schon ein Jahrhundert nach der Mission des hl. Patrick entstanden in ganz Irland **Klöster**. Sämtliche Gebäude dieser frühen Anlagen waren aus Holz, keines von ihnen ist jedoch erhalten. Erst ab dem 9. Jh. baute man mit Stein. Festgeschriebene Ordensregeln wie auf dem Kontinent gab es kaum, in vielen Fällen lebten Mönche und Nonnen in den Klöstern sogar zusammen.

Die Gemeinschaften trieben Landwirtschaft und Handel. Zuerst als Warenumschlagplätze, später auch als **Bildungszentren**, übernahmen größere Klöster nach und nach die Funktion, die auf dem Kontinent die Städte innehatten. Ihr wachsender Reichtum lockte Feinde an: Im 9. Jh. begannen **Wikinger**, die Klöster zu überfallen. Zum Schutz gegen Plünderungen baute man **Rundtürme**. Der irische Name ›cloigtheagh‹ (›Glockenhaus‹) verweist auf ihre zweite Funktion: von hier aus wurde auch – mit Handglocken – zum Gebet geläutet. Vor allem aber dienten sie dazu, bei nahender Gefahr Mönchsgemeinde und Kostbarkeiten aufzunehmen. Ihre Eingänge befinden sich stets mehrere Meter über dem Boden; zog man die Leiter ein, war man relativ sicher, denn auf längere Belagerungen konnten sich die Wikinger nicht einlassen. Über Jahrhunderte bewährte sich die **Taktik** der Mönche, und manche Klöster überstanden eine ganze Reihe von Angriffen. Ihr Ende kam erst mit der normannischen Invasion – vor allem aber mit ihrer Verweltlichung und dem damit verbundenen Verlust an innerer Kraft und Glaubensstärke.

16 Cahir

Eine monumentale Burganlage spielt in diesem Ort die Hauptrolle.

Durch seine Lage an der Schnittstelle zweier wichtiger Verbindungsstraßen und durch die Nähe zum Rock of Cashel kommen mehr Touristen nach Cahir, als

Früher uneinnehmbar, heute viel besucht: Cahir Castle liegt auf einer Insel im Fluss Suir

es die Sehenswürdigkeiten des Ortes vermuten ließen. Hauptattraktion ist **Cahir Castle** (Mitte März–Mitte Juni, Mitte Sept.–Mitte Okt. 10–17.30, Mitte Juni–Mitte Sept. 9–19.30, Mitte Okt.–Mitte März 9.30–16.30 Uhr), das auf einer Insel im Fluss Suir liegt. Die ältesten Gemäuer der Burg gehen auf das Jahr 1142 zurück. Im 13. Jh. bauten die Butlers hier ihren Familiensitz aus. Lange Zeit galt die Burg als uneinnehmbar, doch den Kanonen, mit denen sie 1599 beschossen wurde, hielt sie nicht stand. Später wurde sie von Cromwell erobert.

Trotz der Schäden, die sie immer wieder erlitt, befindet sie sich heute in gutem Zustand. Ihre Mauern mit den runden und quadratischen Türmen umschließen drei Innenhöfe, im äußeren steht ein Cottage aus dem 19. Jh. Hier wird in einer audiovisuellen Show Wissenswertes über die Monumente der Umgebung gezeigt. Insbesondere vom dreistöckigen *The Keep* genannten Turm im mittleren Innenhof hat man eine hervorragende Aussicht über die Flusslandschaft des Suir.

Etwa 2 km südlich von Cahir, im *Cahir Park* am Suir, liegt das Anfang des 19. Jh. für die ›Butlers of Cahir‹ errichtete **Swiss Cottage** (Mitte März–Mitte April Di–So 10–13 und 14–18, Mitte April–Mitte Okt. tgl. 10–18, Mitte Okt.–Mitte Nov. Di–So 10–13 und 14–16.30 Uhr). Die Idee zu diesem strohgedeckten Haus im ländlichen Stil lieferte Marie-Antoinette, die sich 20 Jahre zuvor in Versailles das Hameau de Trianon, eine sog. ›ferme ornée‹ hatte einrichten lassen. Hier wie dort verbirgt sich hinter der rustikalen Fassade größte Eleganz.

Ausflug

Viele Möglichkeiten zum Wandern und Radfahren in romantischer Landschaft bieten sich etwa 25 km nordwestlich von Cahir im **Glen of Aherlow**, einem sehr idyllischen Tal der Galtee Mountains. Man folgt zunächst der N 24 Richtung *Tipperary* – verewigt in dem populären Lied ›It's a long way to Tipperary‹ – und zweigt bei Bansha auf die R663 nach links ab. Nach wenigen Kilometern ist man im Tal und kann die Wanderschuhe schnüren.

Praktische Hinweise

Information

Tourist Office, Cahir Castle, Castle Street, Tel. 052/414 53

Hotels

***__Kilcoran Lodge__, Cahir, Tel. 052/412 88, Fax 052/419 94, www.kilcoranlodgehotel.com. Ehemaliges Jagdhaus in ländlicher Umgebung mit Swimmingpool, Sauna, Solarium und Fitnessraum.

Ballinacourty House, Glen of Aherlow, Co. Tipperary, Tel. 062/560 00, Fax 062/562 30, www.ballinacourtyhse.com. Schön gelegenes B & B.

Brookfield House, Mrs. M. English, Cashel Road, Cahir, Tel. 052/419 36. Bed & Breakfast etwa 1 km außerhalb (Mai–Sept.).

17 Cork

Hafen und Verkehrsknotenpunkt im Süden der Insel.

Die mit über 120 000 Einwohnern zweitgrößte Stadt der Republik Irland an der Mündung des River Lee ist nach wie vor ein wichtiger Ausfuhrhafen. Hier werden außerdem Schiffe gebaut, landwirtschaftliche Produkte verarbeitet, Bier und Whiskey erzeugt. Und die Bewohner genießen immer noch den Ruf, ebenso heißblütig wie geistreich zu sein.

Geschichte Der hl. Finbar ließ sich im 6. oder 7. Jh. am Südufer des Flusses Lee nieder und gründete ein Kloster, das zum Kern der Stadt werden sollte. Es wurde mehrfach von den Wikingern geplündert, bis diese um 900 ganz in der Nähe eine Handelsniederlassung einrichteten. Langsam verschmolzen die beiden Siedlungen miteinander. Nach der Normanneninvasion stritten sich Iren und englische Krone jahrhundertelang um Cork. Mit der Eroberung durch Cromwell nahmen diese Auseinandersetzungen ein jähes Ende. Erst im späten 18. Jh. erlebte die Stadt als *Handels-* und *Wirtschaftszentrum* wieder einen Aufschwung. Von Bedeutung waren vor allem die Ausfuhr von Butter und die Glasherstellung. Was Anfang des 20. Jh. noch an mittelalterlicher Bausubstanz vorhanden war, ging in den Kämpfen unter, die der irischen Unabhängigkeitserklärung folgten. Im Jahr 2005 kam Cork zu höchsten europäischen Ehren: sie durfte sich *Kulturhauptstadt* nennen.

Besichtigung Das Stadtzentrum liegt auf der Insel zwischen den beiden Kanälen des Lee. Hauptverkehrsader ist die St. Patrick's Street, die an der St. Patrick's Bridge beginnt und dann nach Westen abbiegt. An ihrem Ende erreicht man an der Grand Parade einen der Eingänge zum **English Market** 1, einer großen Halle aus Backstein, in der beständig ein reges Markttreiben herrscht. Wer sich mehr zur Kunst hingezogen fühlt, kann ganz in der Nähe, am Emmet Place, in der **Crawford Municipal Art Gallery** 2 (Mo–Sa 10–17 Uhr, www.crawfordartgallery.com) Repliken antiker Statuen und Gemälde irischer Künstler bewundern. Unmittelbar an die Galerie schließt sich das **Opera House** 3 an. Von dort ist jen-

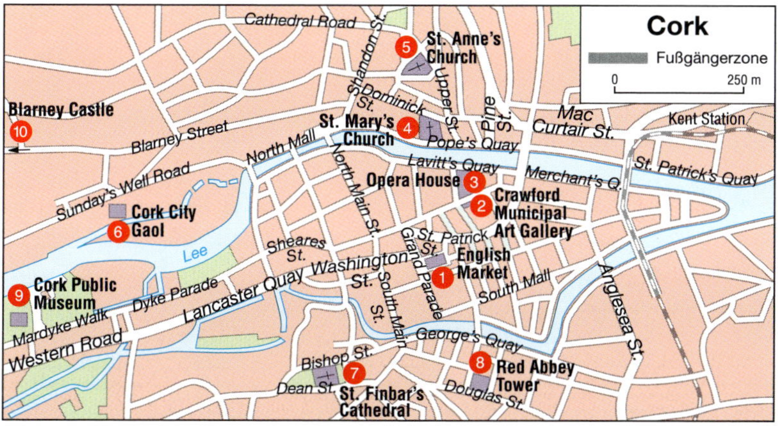

Cobh, der Hafen von Cork: Tausende von irischen Auswanderern verabschiedeten sich hier im 19. Jh. von ihrer Heimat

seits des Flusses Lee, am Pope's Quay, **St. Mary's Church** 4 zu sehen, eine neoklassizistische Kirche aus dem 19. Jh. Hinter ihr erstreckt sich der Stadtteil *Shandon*, den die an ihrem zweifarbigen Turm leicht erkennbare **St. Anne's Church** 5 (tgl. 10–16 Uhr) überragt. Sein Zwiebeldach krönt eine Wetterfahne in Form eines Fisches; man sagt, sie erinnere daran, dass die Lachsfischerei im Lee einst den Mönchen vorbehalten war. Das Viertel in der Umgebung der Kirche, in dem auch *Skiddy's Almshouse*, ein Armenhauskomplex aus dem 18. Jh. steht, ist der anheimelndste Teil von ganz Cork. Weiter westlich, an der Sunday's Well Road, wurde das ehem. Gefängnis **Cork City Gaol** 6 (März–Okt. tgl. 9.30–18, Nov.–Febr. tgl. 10–16 Uhr, Tel. 021/430 50 22, www.corkcitygaol.com) als Museum eingerichtet. Darin kann man sich anhand von original ausgestatteten Zellen und anderen Exponaten über Justizwesen und Strafvollzug im 19. Jh. informieren.

Südlich des Zentrums bzw. der Lee-Insel erhebt sich an der Bishop Street **St. Finbar's Cathedral** 7, deren 40 m hoher Turm den Südteil Corks dominiert. Die protestantische Bischofskirche im Stil der französischen Gotik wurde 1879 eingeweiht und ist kunsthistorisch weniger bedeutsam. Sie dürfte ziemlich genau über der Stelle errichtet worden sein, an der sich einst das Kloster des hl. Finbar befand. Weiter östlich, in der Mary Street, steht der **Red Abbey Tower** 8, das Relikt einer mittelalterlichen Augustinerabtei.

Das **Cork Public Museum** 9 (Mitte April–Dez. Mo–Fr 11–13 und 14.15–17, Juni–Sept. bis 18, Sa 11–13 und 14.15–16, April–Sept. auch So 15–17 Uhr) im Westen der Stadt im Fitzgerald Park, stellt geschichtliche Dokumente sowie archäologische und geologische Fundstücke aus.

Verlässt man Cork in nordwestlicher Richtung auf der Blarney Street, kommt man nach 8 km zum **Blarney Castle** 10 (Mai/Sept. Mo–Sa 9–18.30, Juni–Aug. bis 19 Uhr, Okt.–April 9 Uhr bis Sonnenuntergang, Sommer: So 9.30–17.30, Winter: So 9.30 Uhr bis Sonnenuntergang, Tel. 021/438 52 52, www.blarneycastle.ie), einem Turmhaus aus der Mitte des 15. Jh., das von ausgedehnten Gärten umgeben ist. Eine Wendeltreppe führt in das oberste Stockwerk hinauf, wo in eine der Zinnen der *Blarney Stone* eingelassen ist. Wer den Stein küsst, der soll ungeahnte rhetorische Fähigkeiten erlangen. Es ist wohl hauptsächlich der Wunsch nach Beredsamkeit, der die Touristen nach Blarney strömen lässt, denn die Burg an sich ist keine außerordentliche Sehenswürdigkeit. Bekannt ist sie vor allem wegen einer Legende: Der Burgherr MacCarthy soll wiederholt von Königin Elisabeth I. aufgefordert worden sein, sein Land der Krone zu übergeben, um es dann als Lehen zurückzubekommen. MacCarthy widersetzte sich dem Begehren nicht direkt, aber er gab ihm auch nicht nach. Vielmehr redete und argumentierte er so lange, bis die Königin ausrief: »Alles Blarney«! Das Wort ›Blarney‹ ist bis heute ein Ausdruck für wortreiches, aber inhaltsleeres Gerede.

i Praktische Hinweise

Information

Tourist Office, Aras Fáilte, Grand Parade, Cork, Tel. 021/425 51 00, Fax 021/425 51 99

Hotels

*****Garnish Guesthouse**, Western Road, Cork, Tel. 021/427 51 11, Fax 021/427 38 72, www.garnish.ie. Beliebte Unterkunft mit ausgezeichnetem Frühstück.

*****Imperial**, South Mall, Cork, Tel. 021/427 40 40, Fax 021/427 53 75, www.flynnhotels.ie. Zentral gelegenes reizvolles Hotel in restauriertem Gebäude des 19. Jh.

Oakland, Ms. E. Murray, Lower Glanmire Road, Cork, Tel. 021/455 24 71. Behagliches Bed & Breakfast.

Restaurant

Captain's Table Restaurant, im Actons Hotel, Pier Road, Kinsale, Tel. 021/477 99 00, www.actonshotelkinsale.com/restau.htm. Preisgekröntes Gourmetlokal rund 25 km außerhalb Corks.

18 Gougane Barra

Nationalpark mit Wanderwegen in äußerst stimmungsvoller Umgebung.

Der *Lough Gougane Barra* ist ein tiefer, dunkler Bergsee, der auf drei Seiten von den steilen, dicht bewachsenen Bergen der *Shehy Mountains* umgeben ist. Der höchste von ihnen, der *Conicar*, erreicht immerhin eine Höhe von 572 m; von seinem oder dem Gipfel des *Bealick* aus hat man eine großartige Aussicht auf die Bantry Bay. Selbst bei schlechtem Wetter ist die in den 60er-Jahren des 20. Jh. zum Nationalpark erklärte Gegend um den See ein Erlebnis: Der See, aus dem der *River Lee* hervorgeht, wird aus vielen kleinen Wasserläufen gespeist, die nach einem heftigen Regenguss zu Wasserfällen werden. Der Park bietet außerdem hervorragende **Wandermöglichkeiten**.

Im 6. oder 7. Jh. ließ sich der hl. Finbar, der Gründer von Cork, auf der Insel im See von Gougane Barra nieder. Von dem Heiligen wird erzählt, dass er im See einen Drachen ertränkte – dieser war wohl dem hl. Patrick entgangen, als er derlei Ungetier aus Irland vertrieb [s. S. 104]. Finbar bekam mehr Zulauf, als ihm lieb war, und schließlich überließ er die Insel seinen Schülern. Im 18. Jh. war sie ein beliebtes Pilgerziel, Anfang des 20. Jh. errichtete man auf ihr eine kleine **Kirche**, die über einen Damm erreichbar ist. Die acht *Höhlen*, die als Mönchszellen ins Erdreich gegraben wurden, sind etwa 300 Jahre alt.

i Praktische Hinweise

Hotel

****Gougane Barra Hotel**, Gougane Barra, Tel. 026/470 69, Fax 026/472 26, www.gouganebarrahotel.com. Angenehmes Haus nahe dem Parkeingang mit herrlichem Blick auf den See und die Berge.

Die Kirche auf einer Insel im See von Gougane Barra – hierher hatte sich der hl. Finbar in die Einsiedelei zurückgezogen

Die Westküste – wo Europa endet

Die irische Westküste ist ein Landstrich voller Vielfalt. Das Klima ist im Süden milder als im Norden, die Landschaft und die Pflanzenwelt unterscheiden sich jeweils ebenso stark voneinander wie die von ihren Bewohnern gesprochenen Dialekte.

Die Grafschaft Kerry galt lange als rückständig und unterentwickelt. Ihre Bewohner sind der Gegenstand unzähliger Witze, die oft die Gewohnheit der *Kerrymen* aufs Korn nehmen, kaum direkte Antworten auf klare Fragen zu geben. Dies ist auch eine Eigenheit des Irischen, das hier lange noch Umgangssprache war. Viele der ›Bilderbuchdarstellungen‹ Irlands stammen aus dem Südwesten; sie haben dazu beigetragen, dass dieser heute nicht nur verkehrsmäßig gut erschlossen, sondern zu einer ausgesprochen **beliebten Ferienregion** geworden ist.

Die herbe Schönheit des Landes lässt leicht den Umstand vergessen, dass viele seiner Bewohner einst auswandern mussten, weil die kargen Böden sie nicht ernähren konnten. *Heinrich Böll* hat vor mehr als fünfzig Jahren in seinem ›Irischen Tagebuch‹ von der Abgeschiedenheit der Region und der Schicksalsergebenheit ihrer Bewohner berichtet. Davon ist heute nicht mehr viel zu bemerken. Mittlerweile verkehren hier mehr teure, allradgetriebene Geländewagen als zu Bölls Zeiten Eselskarren.

19 Garnish Island

Meisterhafte Gartenarchitektur und subtropische Pflanzen.

Die Gegend um die *Bantry Bay* ist heute dank ihres landschaftlichen Reizes ein beliebtes Ferienziel. Eine Attraktion besonderer Art ist Garnish Island, das eine Reihe von Bootsunternehmen von *Glengarriff* aus ansteuert. Fahrpreis und Länge des Aufenthaltes werden jeweils vor Abfahrt ausgehandelt. Keiner der Bootsführer versäumt es, seine Gäste bis dicht an den Felsen heranzufahren, der das ganze Jahr über ein bevorzugter Aufenthaltsort von **Robben** ist. Das auch im Winter milde Klima bewog den Parlamentsabgeordneten *Annan Bryce*, auf *Ilnacullin* – so der irische Name der Insel – einen Garten mit tropischen und subtropischen Pflanzen anzulegen. 1953 ging die Insel in öffentlichen Besitz über.

Erster Anlaufpunkt auf Garnish Island (März–Okt. ganztägig geöffnet) ist ein kleines *Visitor Centre*, in dem eine Broschüre erhältlich ist, die den gut ausgeschilderten Rundweg kommentiert und über die Pflanzenwelt Aufschluss gibt. Die hier existierende Pflanzenvielfalt ist ein wahres Wunder. Bewirkt wird es durch die gleichmäßigen Temperaturen, die der Golfstrom mit sich bringt, durch die geschützte Lage, die hohe Luftfeuchtigkeit und die großen Niederschlagsmengen. Regenschutz sollte nach Garinish Island zu jeder Jahreszeit mitgenommen werden!

Neben der Flora, die je nach Jahreszeit eine ganz unterschiedliche Pracht entfaltet, machen die *Gartenanlage* mit ihren reizvollen italienischen und antikisierenden Architekturelementen und die Ausblicke auf die Küsten, Berge und Inseln um Bantry Bay Garnish Island zu einer Sehenswürdigkeit ersten Ranges.

◁ *Bilderbuchlandschaften im Westen Irlands:* **Oben und unten:** *Küstenabschnitte von ganz unterschiedlichem Charakter erstrecken sich entlang des Ring of Kerry ...* **Mitte:** *... und der Aussichtspunkt Ladies' View bietet einen berauschenden Blick auf die Seen von Killarney*

Praktische Hinweise

Bootsausflüge

Harbour Queen Ferry Services, The Pier, Glengarriff, Tel. 027/631 16, www.garnishisland.com

Hotels

*****Glengarriff Eccles**, Glengarriff Harbour, Tel. 027/630 03, Fax 027/633 19, www.eccleshotel.com. Traditionshotel nahe des Bootsanlegers an der Bantry Bay, gegenüber Garnish Island.

Oben: *Die Gärten von Garnish Island: ein Stück Italien im Westen Irlands*
Unten: *Dunkles Bier und Folkmusic sorgen im Singing Pub für unvergessliche Abende*

Maureen's, Mrs. Maureen McCarthy, Glengarriff, Tel. 027/632 01, www.maureensglengarriff.com. Nettes B & B.

Radharc Na Gabhaile, bei Glengarriff, Tel./Fax 027/631 63, www.glengarriffbb.com. 1,5 km außerhalb des Ortes gelegenes B & B, 100 m vom Golf Course, mit schönem Blick auf Meer und Berge.

20 Killarney und Killarney National Park

Mittelpunkt einer herrlichen Seen- und Parklandschaft.

Es ist vor allem die schöne Lage von **Killarney**, die die Stadt zu einem Zentrum des Fremdenverkehrs werden ließ. Das bedeutendste Bauwerk ist die neogotische *St. Mary's Cathedral* aus der Mitte des 19. Jh., darüber hinaus gibt es kaum Sehenswürdigkeiten. Doch das Freizeitangebot ist groß: In und um Killarney kann man Fahrräder mieten, mit Pferden ausreiten, Lachse angeln und Golf spielen oder das weite Netz von Wanderwegen erkunden. Berühmt ist die Stadt auch für ihre *Singing Pubs* – große Hoffnungen, hier wirklich gute traditionelle irische Musik zu hören, sollte man sich jedoch vorsichtshalber nicht machen.

Muckross Abbey: Eine Klosterruine, die Romantiker begeistern muss

Die drei größeren Seen Killarneys, der *Lough Leane*, der *Muckross Lake* und der *Upper Lake* liegen in einem Tal, das sich von der Stadt aus nach Süden zieht und in seiner Gänze zum **Killarney National Park** gehört. Das etwa 10 000 ha umfassende Areal schützt unter anderem die größten verbliebenen Eichenbestände Irlands und ist zudem die Heimat eines Rotwildrudels.

Um den Lough Leane rankt sich die schaurige Legende vom Stammesfürsten O'Donoghue, der unter Wasser ewigen Hof halten soll, da sein Familiensitz **Ross Castle**, am Ostufer des Sees, von Cromwells Soldaten eingenommen wurde. Jedes Jahr am 1. Mai vor Sonnenaufgang soll der Fürst einmal kurz auftauchen. Mit einigem Glück, so heißt es, könne man ihn bei dieser Gelegenheit sehen. Vom Pier setzen Boote über nach **Innisfallen**, der größten der Inseln im Lough Leane. Auf ihr gründete der hl. Finian, der Aussätzige, im 7. Jh. ein Kloster, das dereinst einen Ruf als Ort allerhöchster Gelehrsamkeit genoss. Zwischen 1215 und 1320 wurden hier die *Annalen von Innisfallen* verfasst, die heute eines der wichtigsten Dokumente zur irischen Frühgeschichte darstellen.

Der Killarney Nationalpark hat viel zu bieten, u. a. Beschaulichkeit an den Ufern des Lough Leane

Großes Vergnügen bereitet eine Kutschfahrt mit einem ›Jaunty car‹

Am östlichen Ufer des Lough Leane findet man in einem parkähnlichen Gelände die Ruinen von **Muckross Abbey**. Der Gebäudekomplex liegt inmitten eines Friedhofs, ist von hohen Bäumen umgeben und strahlt eine angenehme Ruhe aus, obwohl durch die einige Jahre zurückliegende Restaurierung viel von der einstigen Atmosphäre verloren ging. Die Abtei war zwar bereits 1340 von den Franziskanern gegründet, aber bald wieder aufgegeben worden. 1448 begann Donal MacCarthy Mór mit einer 50 Jahre dauernden Wiederherstellung. Die erhaltenen Gebäude stammen im Wesentlichen aus dieser Zeit. Dass sie in mehreren Abschnitten errichtet wurden, ist an den unterschiedlichen Stilen erkennbar, die sich an den Fenstern und Kreuzgangarkaden zeigen. Als letzter Bauteil entstand der Vierungsturm, der die ganze Breite des Kirchenschiffs einnimmt.

Nicht weit ist es von der Abtei aus zu Fuß oder mit einem *Jaunty car*, einer Pferdekutsche, nach **Muckross House, Gardens and Traditional Farms** (März/April/Okt. Sa/So 13–18, Mai tgl. 13–18, Juni–Sept. tgl. 10–18 Uhr, Tel. 064/70144, www.muckross-house.ie). Über sechs Generationen hinweg lebten hier die Herberts. Ihren Reichtum schöpften sie unter anderem aus dem Betrieb von Kupferminen. Im Zusammenhang damit beschäftigten sie Ende des 18. Jh. den Geologen *Rudolph Erich Raspe* – besser bekannt als der Erzähler von Baron Münchhausens Abenteuern. Raspe (* 1737) starb 1794 an Scharlach und liegt auf dem benachbarten *Killegy Cemetery* begraben. *Muckross*

Lohnende Ausflugsziele in Killarney sind beispielsweise das Kunstgewerbemuseum im Muckross House, dessen Gärten oder die angegliederten traditionellen Farmen

House, 1843 im elisabethanischen Stil errichtet, beherbergt heute ein Museum mit Kunstgewerbe aus der Region. Zum Haus gehören auch die *Muckross Gardens*, die besonders zur Zeit der Rhododendron- und Azaleenblüte im Mai und Juni attraktiv sind, sowie die *Muckross Traditional Farms*, die aus drei Bauernhöfen und mehreren Handwerksbetrieben bestehen. Hier kann man sich ein lebhaftes Bild vom irischen Landleben in den 1930er-Jahren machen.

Von Muckross aus bietet sich der **Torc Waterfall** südöstlich des Lough Leane als Ziel eines etwa einstündigen Spaziergangs auf gut ausgeschilderten Wanderwegen an. Eilige können ihn auch von der Straße aus über einen kürzeren Pfad erreichen. Den wohl besten Blick über die Seenlandschaft genießt man von **Ladies' View**, einem Aussichtspunkt südlich des Upper Lake direkt an der N 71. Westlich des Nationalparks gibt es einen weiteren beliebten Ausflugsort: die 10 km lange **Gap of Dunloe**, eine Schlucht mit Wasserfällen und drei kleineren Seen.

i Praktische Hinweise

Information

Tourist Office, Beech Road, Killarney, Tel. 064/316 33, Fax 064/345 06, www.killarneyonline.ie

Bootsverleih

Ross Castle Pier, Henry Clifton, Ross Road, Killarney, Tel. 064/322 52. Boote mit und ohne Bootsmann, Angeltouren.

Hotels

*****The Malton Hotel**, Town Centre, Killarney, Tel. 064/380 00, www.themalton.com. Stilvolles Hotel von 1854 in einem 14 ha großen Garten, 5 Min. vom Ortszentrum.

Crab Tree Cottage, Mangerton Road, Muckross, Tel./Fax 064/331 69, www.crabtreebnb.com. 4 km außerhalb von Killarney, am Kerry Way gelegenes B & B.

21 Ring of Kerry

TOP TIPP *Eine der schönsten Küstenstraßen Europas um die Halbinsel Iveragh.*

»Hier wundert man sich«, schrieb John M. Synge, »warum noch jemand in Dublin oder London oder Paris wohnt, wo doch ein Leben in einem Zelt oder einer Hütte, hier, an dieser großartigen See und unter diesem Himmel, hier, wo man Luft atmen kann, die wie Wein schmeckt, so viel besser erscheint.« Synge war nicht der einzige, der die Schönheit Kerrys gepriesen hat – und inzwischen ist sie von vielen entdeckt worden. Das Meer und der Himmel aber, die den Rahmen für diese grandiose Landschaft abgeben, haben nichts von ihrem Reiz eingebüßt.

Für die meisten Reisenden beginnt und endet die knapp 200 km lange Fahrt in Killarney. Da sämtliche Touristenbusse den *Ring of Kerry* in der dem Uhrzeigersinn entgegengesetzten Richtung umfahren, sollte man, um sich ständige Ausweichmanöver zu ersparen, unbedingt das gleiche tun. Das erste Ziel ist daher der Ort **Killorglin**, vor allem bekannt durch seine *Puck Fair* (www.puckfair.ie). Dieses Fest, das jedes Jahr vom 10. bis 12. August gefeiert wird, geht wahrscheinlich auf die Zeit Oliver Cromwells zurück. Damals soll ein Ziegenbock aus einer Herde, die von seinen Soldaten niedergemetzelt wurde, entkommen sein und so den Ort Killorglin vor der drohenden Gefahr gewarnt haben.

Die nächste größere Ansiedlung ist **Cahirciveen**, der Geburtsort von Daniel O'Connell. Der Zustand seines Geburtshauses, eine zum Verkauf stehende Ruine, lässt nicht auf die Verehrung schließen, die er im Volk genießt. Etwa 3 km hinter der Ortschaft zweigt die Straße nach **Valencia Island** ab, von wo aus bei gutem Wetter die Boote zu den *Skelligs* ablegen. Auf dieser Inselgruppe nisten zahlreiche Vogelarten, berühmt aber ist sie vor allem für das *Kloster des hl. Fiónán* auf **Skellig Michael**, der größten der Inseln. Es wurde im 7. Jh. gegründet und besteht aus der Ruine der *St. Michael's Church*, einem *Gebetshaus* und *sechs Clocháns*, den Wohnzellen der Mönche.

Über **Waterville**, einem beliebten Ferienort, gelangt man nach **Caherdaniel**, das ausgesprochen malerisch an der *Derrynane Bay* liegt. Knapp 2 km westlich des Ortes steht an einer Seitenstraße das **Derrynane House** (Nov.–März Sa/So 13–17, April/Okt. Di–So 13–17, Mai–Sept. Mo–Sa 9–18, So 11–19 Uhr, Tel. 066/947 51 13). Es ist der Familiensitz von Daniel O'Connell (1775–1847), in dem der berühmte irische Rechtsanwalt und Politiker, genannt ›The Liberator‹, 20 Jahre lang gelebt hat und das nun als *Museum* zu seinem Gedenken eingerichtet ist.

Kurz hinter Caherdaniel ist unterhalb der Straße in einer Rechtskurve das grasüberwachsene Rund eines Ringforts zu erkennen. Eine weit besser erhaltene Anlage dieser Art ist das ca. 5 km entfernt gelegene **Staigue Fort**, das als eines der bedeutendsten Ringforts Irlands gilt. Man erreicht es, wenn man der nächsten Abzweigung nach links folgt. Es hat einen Durchmesser von ca. 30 m, die Mauern sind bis zu 4 m dick. Die genaue Entstehungszeit des Forts ist umstritten.

In der Gegend von **Sneem** und **Parknasilla**, zwei überaus hübschen Orten, nimmt der Charakter der Landschaft vorübergehend lieblichere, nahezu südländische Züge an.

Am Ende der nun ziemlich geradlinig an der Bucht entlanglaufenden N 70 liegt das für seine farbenfrohen Fassaden bekannte **Kenmare**. Es wurde 1670 von Sir William Petty als Wohnsiedlung für die englischen Arbeiterfamilien angelegt, die in seinen Eisengießereien beschäftigt waren. Im Nordwesten der Ortschaft spannt sich eine bemerkenswerte Brücke über den Fluss; ihr Gewölbebogen ist so steil, dass sie für Fahrzeuge nicht benutzbar ist. Vielleicht war dies der Grund für die Entstehung der Legende, Cromwell habe sie mit Hilfe des Teufels innerhalb einer Stunde gebaut. Allerdings weiß man von Oliver Cromwell sicher, dass er nie hier war; vom Teufel ist es ungewiss.

Ganz in der Nähe der Brücke umgibt ein *Steinkreis* ein *Dolmengrab*. Mit solchen steinzeitlichen Monumenten ist die Halbinsel Iveragh ebenso reich gesegnet wie mit Ringforts aus der Bronzezeit, Inschriftensteinen aus der frühen christlichen Periode und Ruinen aus der Epoche der Normannenherrschaft. Die Anschaffung einer Faltkarte, auf der diese Sehenswürdigkeiten verzeichnet sind, empfiehlt sich für all jene Besucher, die etwas länger bleiben und tiefer in die Geschichte eindringen wollen. Im Übrigen bietet Iveragh nicht nur entlang seiner Küste, sondern auch im Inneren eine reiche kulturelle Hinterlassenschaft, herrliche Landschaften und eine Vielzahl von Möglichkeiten zur Freizeitgestaltung.

Oben: *Am Ring of Kerry laden viele Fleckchen zum Verweilen ein*

Unten: *Das Staigue Fort stellt eine der frühen Verteidigungsanlagen dar, die von der Landbevölkerung für Feenburgen gehalten wurden und deshalb unangetastet blieben*

Praktische Hinweise

Boote zu den Skelligs

Murphy Sea Cruise Boat Trips, Portmagee, Tel. 066/9477156, www.esatclear.ie/~skelligsrock. Die ›Shellunna‹ legt tgl.

um 10.30 Uhr ab, Hin- und Rückfahrt dauern je 50 Min., 2 Std. Aufenthalt auf dem Felsen.

Hotels

***__Bianconi__, Killorglin (18 km westlich von Killarney), Tel. 066/976 11 46, www.bianconi.ie. Guesthouse mit bekannt gutem Restaurant.

**__The Scarriff Inn__, Caherdaniel, Tel. 066/947 51 32, Fax 066/947 54 25. Familiäres Bed & Breakfast mit großartigem Meerblick, in unmittelbarer Nähe des Ring of Kerry.

Restaurant

The Old School House, Knockeens, Cahirciveen, Tel. 066/947 35 19. Restaurant 2 km außerhalb des Ortes, mit herrlicher Aussicht.

22 Dingle

Wie die Halbinsel Iveragh von großem landschaftlichem Reiz und reich an historischer Hinterlassenschaft.

Als Ausgangspunkt für eine Fahrt rund um die Halbinsel Dingle bietet sich der Ort Castlemaine an. Auf der R 561 nach Westen erreicht man nach ca. 15 km **Inch Beach**, einen Badestrand, der jedoch den meisten Besuchern eher für Strandwanderungen geeignet erscheint. Er liegt an der Westseite einer Landzunge, die markant über die Küstenlinie herausragt.

Die nächste größere Ortschaft ist bereits **Dingle Town** mit etwa 1500 Einwohnern. Als Marktflecken hat Dingle für die ländliche Bevölkerung der Umgebung Bedeutung, seine wichtigste Funktion ist jedoch diejenige als Fischereihafen. Auch hier hat man sich längst auf den Tourismus eingestellt, allerdings spielt er bei weitem nicht die Rolle wie in Killarney oder entlang des Ring of Kerry. Die Küstenstraße führt über **Ventry** weiter nach Westen, vorbei an einer Reihe von Bienenkorbhütten in mehr oder weniger gutem Zustand. Die meisten liegen auf Privatgrund; die Bauern verlangen für den Zutritt Gebühren.

Der westlichste Punkt, den die Straße erreicht, ist der **Slea Head**. Von hier aus hat man einen herrlichen Ausblick auf die meerumtosten **Blasket Islands**, die bis in die 50er-Jahre des 20. Jh. hinein bewohnt waren. Mehrere Schriftsteller haben in irischer Sprache das harte Leben der Inselbewohner geschildert, u.a. Thomas O'Crohan in ›Die Boote laufen nicht mehr aus‹. Ihnen ist das *Blasket Centre* (Juli/Aug. 10–19, März–Juni/Sept./Okt. 10–18

Das Städtchen Dingle auf der gleichnamigen Halbinsel ist ein bedeutender Fischereihafen und Ausgangspunkt für Rundfahrten

Aus dem Netz direkt in die Küche: Besucher der Halbinsel Dingle wissen den frischen Fisch, der hier angeboten wird, zu schätzen

Uhr) an der äußersten Spitze der Halbinsel Dingle gewidmet. Von **Dunquin** aus besteht eine Fährverbindung zu den Blaskets. Im Dorf ist noch das Schulhaus zu besichtigen, das für die Aufnahmen zu dem Film ›*Ryan's Daughter*‹ gebaut wurde, den David Leans 1969 hier drehte.

Auf der Weiterfahrt nach **Ballyferriter** kann man an den Hügeln rechter Hand Straßen sehen, die sich parallel zueinander nach oben winden und scheinbar im Nichts enden. Diese sog. *Famine roads* wurden während der Hungersnot Mitte des 19. Jh. im Rahmen von Arbeitsbeschaffungsmaßnahmen angelegt. An der *Smerwick Bay* erinnern die Überreste von **Dún an Oir** an die Niederschlagung einer Rebellion gegen die Engländer im 16. Jh. Das ›Goldene Fort‹ diente den Aufständischen als Stützpunkt, wurde jedoch schnell eingenommen; alle 600 Mann der Festung fanden im folgenden Gemetzel den Tod.

Auf der anderen Seite der Bucht liegt *Ballydavid*, westlich davon **Kilmalkedar** mit einer der hübschesten romanischen Kirchen Irlands. Die *Kilmalkedar Church* stammt aus dem 12. Jh. und hat in Dekoration und Konstruktion Ähnlichkeit mit Cormac's Chapel [Nr. 15]. Die Innenwände sind mit Blendarkaden verziert, das nicht mehr vorhandene Originaldach war in Kragbauweise errichtet. Der Giebel weist Elemente auf, die offenkundig die ursprüngliche Holzarchitektur imitieren. Am Eingang des erst später entstandenen Chors steht der sog. *Alphabetstein*: dem eingemeißelten lateinischen Kreuz wurden nachträglich Buchstaben hinzugefügt, die wohl Lehrzwecken dienten.

Das **Gallarus Oratorium** in Sichtweite ist das berühmteste Bauwerk auf der Halbinsel Dingle. Das Gebetshaus, das etwa 1000 Jahre alt sein dürfte, ist so solide konstruiert, dass es bis auf den heutigen Tag zuverlässig den Regen abhält. Am Fuße des wenig weiter östlich aufragenden **Mount Brandon** – dem mit 953 m zweithöchsten Berg Irlands – sind noch Dutzende weiterer frühchristlicher Kirchen, Gebetshäuser und Gedenksteine erhalten.

Der Weg führt nun zurück nach Dingle und von dort nach Norden über den **Connor Pass**, der bis zu 456 m aufsteigt und damit der höchste irische Bergpass ist. Er bietet wunderbare Ausblicke auf Dingle Town und den Mount Brandon. Für Busse ist er nicht befahrbar.

Auf der R 560 gelangt man nach *Blennerville*, dessen Wahrzeichen die größte noch in Betrieb befindliche **Windmühle** (Visitor Centre April–Okt. tgl. 10–18 Uhr) Europas ist. Außerdem fährt von Blennerville halbstündlich die historische *Tralee & Dingle Steam Railway* nach **Tralee**, der Hauptstadt des County Kerry. Die *Schmalspur-Dampfeisenbahn* nutzt dabei einen Abschnitt der 1953 stillgelegten Strecke nach Dingle. Die meisten Iren

Die Form des Gallarus-Oratoriums mit seinem exakten Mauerwerk wird häufig mit einem umgekehrten Boot verglichen

denken bei der Erwähnung Tralees an das *Rose of Tralee Festival* (www.roseoftralee.ie), einen Schönheitswettbewerb, der hier seit 1959 alljährlich im August ausgetragen wird.

Den zahlreichen Aufständen, die die Stadt in ihrer Geschichte erlebt hat, sind sämtliche historischen Gebäude zum Opfer gefallen. In der *Ashe Memorial Hall* zeigt jedoch das **Kerry County Museum** (Mai–Okt. tgl. 9.30–17.30, Nov.–April Di–Sa 10–16.30 Uhr, Tel. 066/712 77 77, www.kerrymuseum.ie) den Ort Tralee en miniature so, wie er im späten Mittelalter ausgesehen haben mag. Weitere Ausstellungen ergänzen das Angebot.

Sinnvolle Nutzung einer im Überfluss vorhandenen Energiequelle – die Windmühle von Blennerville

i Praktische Hinweise

Information

Tourist Office, Strand Street, Dingle, Tel. 066/915 11 88, www.dingle-peninsula.ie

Tourist Office, Ashe Memorial Hall, Denny Street, Tralee, Tel. 066/712 12 88.

Hotels

*****Dingle Skellig**, Dingle, Tel. 066/915 02 00, Fax 066/915 15 01, www.dingleskellig.com. Hotel am Hafen mit auf Fischgerichte spezialisiertem Restaurant.

*****The Abbey Gate**, Maine Street, Tralee, Tel. 066/712 98 88, Fax 066/712 98 21, www.abbeygate-hotel.com. Komfortables Stadthotel.

Sráid Eoin House, Mrs. Kathleen O'Connor, John Street, Dingle, Tel. 066/915 14 09, Fax 066/915 21 56, www.sraideoinbnb.com. Gemütliches Bed & Breakfast.

Restaurant

TOP TIPP **Doyle's Seafood Restaurant**, 4 John Street, Dingle, Tel. 066/915 11 74, www.doylesofdingle.com. Fischrestaurant mit hervorragenden Lachs- und Austerngerichten. Hummer gilt als Spezialität. Die Karte richtet sich nach dem täglichen Fang der Fischer.

23 Limerick

Mittelpunkt der Shannon Region mit ihrem umfangreichen Freizeitangebot.

Limerick (90 000 Einw.) liegt an der Schnittstelle mehrerer Überlandstraßen. Die Nähe zu den Freizeithäfen am Shannon sowie zum Shannon Airport machen es zu einem Mittelpunkt des Fremdenverkehrs. Wer die Stadt umgehen will, kann die *Killimer – Tarbert Fähre* (April–Sept. Mo–Sa 7–21, So 9–21, Okt – März 7–19, So 10–19 Uhr; Juni–Sept. ist 10.30–18 Uhr eine zweite Fähre in Betrieb) über den Shannon nutzen. Sie verkehrt im Stundentakt und legt zur vollen Stunde von Killimer, zur halben Sunde von Tarbert ab. Die Überfahrt dauert 20 Minuten.

Geschichte Wie die meisten irischen Hafenstädte wurde auch Limerick von den Wikingern gegründet. Bis zum Sieg Brian Borús über die Dänen war es ein ständiger Zankapfel zwischen diesen und den Iren. Auch die Vorherrschaft der Normannen war einige Zeit umstritten, das Mittelalter hindurch verhielt sich die Stadt der englischen Krone gegenüber jedoch loyal. Als James II. 1690 dem Protestanten William von Oranien unterlag, flüchteten sich die verbliebenen katholischen Truppen nach Limerick und leisteten unter der Führung von Patrick Sarsfield Widerstand, bis sie 1691 unter ehrenvollen Bedingungen abziehen durften. Kaum aber hatten sie Irland verlassen, setzten sich die Engländer über die getroffenen Vereinbarungen hinweg, indem sie beispielsweise den Katholiken die Ausübung ihrer Religion verwehrten.

Dass der Name der Stadt seit etwa einem Jahrhundert auch eine Versform bezeichnet, bedeutet nicht, dass diese hier erfunden wurde. Bei geselligen Anlässen sang man – nicht nur in Limerick – jene Stegreif-Verse, bei denen sich die erste, zweite und fünfte Zeile sowie die dritte und vierte aufeinander reimen. Hierauf folgte stets der Refrain ›Will you come up to Limerick‹.

Wind, Sand und Meer – ein immer wiederkehrendes Bild an der irischen Westküste

Besichtigung Die Innenstadt unterteilt sich in drei Bezirke: English Town, Irish Town und Newtown Pery. Nördlich der Einmündung des Abbey River in den Shannon liegt *English Town*, mit den meisten mittelalterlichen Bauten, wie **King John's Castle**. 1210 war König John von England zur Einweihung der zu ihrer Zeit als uneinnehmbar geltenden Burg an den Shannon gekommen. Das in dem Gemäuer eingerichtete *Interpretative Center* (April–Okt. tgl. 10–17.30, Nov.–März tgl. 10.30–16.30 Uhr) erläutert anhand von Modellen, Nachbildungen von Kriegsmaschinen, einer Tonbildschau u.Ä. die Stadtgeschichte.

Auf der anderen Seite der *Castle Street* steht der **Bishop's Palace**, der im 17. und 18. Jh. die Residenz des Bischofs von Limerick war. Heute ist in dem Gebäude ein Teil der Stadtverwaltung untergebracht. Ein kleiner Abstecher führt über die *Thomond Bridge*, an deren Ende links der geschichtsträchtige **Treaty Stone** aufgestellt ist. Auf diesem Stein wurden 1691 die Vereinbarungen unterzeichnet, die der Belagerung der Stadt durch die Engländer ein Ende setzten. In der Nähe der *Thomond Brigde*, Ecke Castle Lane/ Nicholas Street liegt das nunmehr nach dem ehemaligen Bürgermeister Jim Kemmy benannte **Stadtmuseum** (Di–Sa 10–13 und 14.15–19 Uhr, Tel. 061/41 78 26) von Limerick, das Münzen, Gemälde, Fotografien und andere Dokumente der Stadtgeschichte präsentiert.

St. Mary's Cathedral, etwa 200 m südlich der Burg, ist das älteste Bauwerk der Stadt. Um 1180 wurde die Kathedrale von Donal Mór O'Brien, dem König von Munster, gegründet, nachdem er die normannische Siedlung zerstört und Limerick vorübergehend wieder unter irische Herrschaft gebracht hatte. Das *Westportal* der heute protestantischen Kirche stammt noch aus Donals Zeit, *Chor* und *Kapellen* wurden im 15. Jh. angefügt. Von allererster Qualität ist das Ende des 15. Jh. aus Eichenholz geschnitzte *Chorgestühl* mit seinen Darstellungen von Menschen, Tieren und Fabelwesen.

Irish Town ist das Viertel, das sich südlich des Abbey River ausdehnt. In der Rutland *Street* liegt direkt an der *Mathew Bridge* das **Custom House**, eines der

Straßenszene in Limerick – nicht nur in Dublin gibt es georgianische Häuser mit reich verzierten Türen

ansehnlichsten Gebäude Limericks. Es wurde um 1760 im georgianischen Stil erbaut und beherbergt seit 1997 das **Hunt Museum** (Mo–Sa 10–17, So 14–17 Uhr, Tel. 061/31 28 33, www.huntmuseum.com). Die neben dem Nationalmuseum in Dublin wohl bedeutendste Sammlung bronzezeitlicher, frühchristlicher und mittelalterlicher Fundstücke geht auf die Sammler John und Gertrude Hunt zurück.

Die 1805 errichtete **Townhall** schräg gegenüber ist von nicht gerade überragender architektonischer Bedeutung. Über die nach wenigen Schritten links abzweigende *Ellen Street* gelangt man in die parallel zur Patrick Street verlaufende *Michael Street*, in der **The Granary** liegt, ein gelungen restaurierter Getreidespeicher aus dem 18. Jh. Eine etwas längere Wegstrecke führt nun zunächst weiter bis zum *Charlottes Quay*, der sich am Abbey River entlangzieht. An der nächsten Brücke über den Fluss folgt man der Broad Street nach rechts bis zum **St. John's Square**. Dieser Mitte des 18. Jh. angelegte Platz im Osten von Irish Town war einst die Wohngegend der Aristokraten. Im Bereich des Hospitals an seiner Nordwestseite sind noch Teile der mittelalterlichen **Stadtmauer** zu sehen, an der Südseite erhebt sich die 1860 erbaute, neogotische **St. John's Cathedral** mit ihrem 85 m hohen Turm.

Newtown Pery, der südlichste der drei Stadtteile, ist der Hauptgeschäftsbezirk. Hier sind die großen Hotels angesiedelt, die Einkaufszentren und der **People's Park** mit der Stadtbibliothek und der **Limerick City Gallery of Art** (Mo–Fr 10–18, Do bis 19, Sa 10–17, So 14–17 Uhr, Tel. 061/31 06 33), die sich vor allem der modernen irischen Malerei widmet und Werke von *Jack B. Yeats* und *Sean Keating* besitzt. Den Stadtteil **Newtown Pery** ließ *Edmond S. Pery* (1719–1806) ursprünglich im georgianischen Architekturstil errichten. Viele der alten Häuser sind jedoch Neu-

Trutzige Burg am Shannon: King John's Castle ist das mächtigste Bauwerk Limericks

Als wären die Bewohner der Kemenate nur vorübergehend abwesend: Bunratty Castle hat seinen mittelalterlichen Charakter nicht verloren

bauten zum Opfer gefallen; erst in den letzten Jahrzehnten des 20. Jh. wurde die verbliebene Bausubstanz renoviert, wodurch Limerick an Attraktivität gewann.

i Praktische Hinweise

Information

Tourist Office, Arthur's Quay, Limerick, Tel. 061/317522, Fax 061/317939, www.limericktourist.com

Hotels

***The Two Mile Inn Hotel**, Ennis Road, Limerick, Tel. 061/326255, Fax 061/453783, www. dghotels.com. Bequem zwischen Stadt und Shannon Airport gelegen. Bar und Restaurant im Haus.

****Railway Hotel**, Parnell St, Limerick, Tel. 061/413653, Fax 061/419762, www. railwayhotel.ie. Familiengeführtes Hotel gegenüber Bahn- und Busbahnhof.

Brookville House, 31 Brookville Avenue, Clareview, Limerick, Tel. 061/452160. B & B in ruhiger, zentrumsnaher Lage.

Restaurant

Jasmine Palace, O'Connell Street, Limerick, Tel. 061/412484. Das beste chinesische Lokal der Stadt bietet kantonesische Küche zu erschwinglichen Preisen.

24 Bunratty Castle

TOP TIPP *Besterhaltene mittelalterliche Burg Irlands mit angrenzendem Freilichtmuseum.*

Bunratty Castle (Sept.–Mai tgl. 9.30–17.30, Juni–Aug. tgl. 9–18 Uhr, www.shannonheritage.com) ist keine Burg im kontinental-europäischen Sinne, sondern ein imposantes dreistöckiges Turmhaus mit vier Ecktürmen. An der Stelle einiger Vorläuferbauten – die frühesten waren in wikingischer Zeit entstanden – errichteten die O'Briens 1467 die Festung, die ihnen bis zum Verlust an Cromwells Truppen im 17. Jh. als Familiensitz diente. Nach der vorübergehenden Nutzung der Burg als Polizeistation im 19. Jh. ging sie 1954 in den Besitz von Lord Gort über, der das Gebäude gründlich restaurieren ließ. Die Möbel, Wandbehänge und Gebrauchsgegenstände stammen vorwiegend aus dem späten Mittelalter.

Im Erdgeschoss ist ein Souvenirladen eingerichtet. Der größte Raum im ersten Stock ist die *Great Hall*, dereinst Speisesaal und Audienzraum der O'Briens, der späteren Earls of Thomond. Zu den eindrucksvollsten Kunstwerken zählen die französischen und flämischen *Wandteppiche*. Im zweiten Stock befinden sich die ehemaligen Wohn- und Schlafgemächer,

Gästezimmer und eine Privatkapelle. Die Räume enthalten zum Teil noch die originale Eichenholzvertäfelung und den Deckenstuck aus dem späten 16. Jh.

Die besondere Attraktion von Bunratty sind die *mittelalterlichen Bankette*, die hier abgehalten werden. Zu Harfenmusik und allerlei unterhaltsamen Darbietungen werden Speisen gereicht, die angeblich nach mittelalterlichen Rezepten zubereitet sind und die man – ganz zünftig – mit den Fingern isst. Eher neuzeitlich hingegen erscheint die perfekte Abwicklung des Programms, die gewährleistet, dass die Teilnehmer der ersten Veranstaltung von 17.30 Uhr rechtzeitig denjenigen Platz machen, die für 20.45 Uhr gebucht haben.

Im **Bunratty Folk Park** (Sept.–Mai tgl. 9.30–17.30, Juni–Aug. tgl. 9–18 Uhr, letzter Einlass eine Stunde früher), einem Freilichtmuseum direkt neben der Burg, wurden Bauernhäuser aus der Shannon-Region samt Einrichtung nach- oder wieder aufgebaut. Zu den Gebäuden entlang der ›Dorfstraße‹ gehören ebenso Geschäfte, eine Schmiede, ein Schulhaus und ein Weberschuppen sowie mehrere Stadthäuser aus dem 19. Jh. Ähnlich den Banketten in der Burg werden auch im Folk Park traditionelle irische Abende veranstaltet.

Umwerfend – manchmal gar im wörtlichen Sinne: Die Cliffs of Moher sind einer der Hauptanziehungspunkte an der irischen Westküste

i Praktische Hinweise

Bankette und Traditional Irish Nights

Shannon Heritage, Bunratty Folk Park, Tel. 061/36 07 88, Fax 061/36 10 20, www.shannonheritage.com. Organisiert z. B. Irish Nights mit Musik, Tanz und Gesang in der Kornscheuer des Bunratty Folk Park (April– Okt. tgl. 19 Uhr) oder mittelalterlichee Bankette in Dunguaire Castle [s. S. 92] oder Knappogue Castle.

25 Cliffs of Moher

TOP TIPP

Spektakulärster Abschnitt von Irlands Steilküsten, fast 200 m geht es hier lotrecht hinab ins Meer.

Fährt man die Klippen von Moher von Süden her an, so durchquert man den Ort **Liscannor**, der als Übernachtungsort für jene geeignet ist, die die Klippen am Abend besuchen möchten. Dies bietet sich an, denn in der Dämmerung sind sie – bei gutem Wetter – besonders eindrucksvoll. Die Fahrzeit von Liscannor aus beträgt etwa 10 Minuten.

Mit dem im Jahr 2007 eröffneten aufwendigen **Visitor Centre** wurde ein Netz von bequemen Gehwegen hinauf zum Rand der Klippen und an ihnen entlang angelegt. Sie sind viel begangen und tragen nicht unbedingt zur Atmosphäre an der einst wild-romantischen Steilküste bei. Seit hier 1969 Aufnahmen für David

Einst Mittelpunkt einer Diözese und kirchliches Zentrum des Burren – heute wirkt die Kathedrale von Kilfenora eher unscheinbar

Leans Film ›Ryan's Daughter‹, gemacht wurden, ist der Bekanntheitsgrad der Klippen von Moher stark gestiegen. Sie zählen heute zu den touristisch am stärksten frequentierten Sehenswürdigkeiten Irlands. Der Blick nach Süden – etwa von *O'Brien's Tower*, einem Aussichtsturm, aus – bleibt dennoch beeindruckend: Man sieht Klippen, die sich Kilometer weit hinziehen und 200 m fast senkrecht ins Meer abfallen; in Richtung Nord und Nordwest schaut man auf die Galway Bay mit den Aran Islands.

i Praktische Hinweise

Bootsausflüge

Cliffs of Moher and Aran Island Cruises, Liscannor (ab 9 Uhr) – Doolin (ab 13.30 und 17 Uhr), Tel. 065/707 59 49 oder Mobiltel. 087/245 32 39, www.cliffs-of-moher-cruises.com. Auf der ›Jack B.‹ 8 km entlang der wilden Steilküste. Tickets jeweils am Pier Office.

Hotel

Toomullin House, Mrs. O. Dowling, Doolin, Tel. 065/707 47 23, www.toomullindoolin.com. Bed & Breakfast, auch mit speziellem Frühstück für Vegetarier, bei einem sympathischen Musik-Pub.

26 Burren

TOP TIPP *Bizarre Kalksteinlandschaft mit vielfältiger Flora und zahlreichen prähistorischen Monumenten.*

Das Gebiet, das sich zwischen den beiden Orten Corofin, Kinvarra und der Küste über etwa 1000 km^2 erstreckt, heißt auf irisch *Boireann* – ›steiniger Platz‹. Damit ist die Region treffend beschrieben. Nirgendwo sonst auf den Britischen Inseln gibt es eine vergleichbare, überwiegend von Kalkstein geprägte Karstlandschaft. Zuerst mag sie karg und öde wirken, bei näherem Hinsehen jedoch offenbart sie sowohl ihren bizarren Reiz, als auch eine ungewöhnliche *Pflanzenvielfalt*.

Vor 350 Mio. Jahren bedeckte das Meer diese Region, Ablagerungen ließen zunächst Kalkstein, darüber Schichten von Schiefer und Sandstein entstehen. Dann hob sich vor 270 Mio. Jahren über den Meeresspiegel, die Erosion trug die oberen Schichten wieder ab und legte den Kalkstein bloß. Vor rund 150 000 Jahren schoben sich schließlich Gletscher über das Land hinweg, hobelten tiefe Furchen in das Gestein und ließen beim Abschmelzen gewaltige Felsbrocken zurück. Aber die Eismassen hatten auch die Samen arktischer und alpiner Pflanzen herbeitransportiert, die nun in den Spalten Wurzeln schlugen. So grünen hier nun neben heimischen Pflanzen auch mediterrane Gewächse. Das Zusammentreffen so verschiedener Gattungen ist eine botanische Rarität, die jedoch nur schätzen kann, wer genau hinsieht.

Eine weitere Besonderheit des Burren ist die unüberschaubar große Anzahl von vor- und frühgeschichtlichen Monumenten. Dutzende von Dolmen und Hunderte von Ringforts sind über die Landschaft verstreut; aus dem Mittelalter stammen die Überreste einiger Kathedralen. Es muss also eine Zeit gegeben haben, in der der Landstrich mehr Menschen ernährt hat als in der Mitte des 17. Jh., als Cromwells General Ludlow den Burren so charakterisierte: »Nicht genug Wasser, um jemanden zu ersäufen, kein Baum, um ihn aufzuhängen, nicht ausreichend Erde, um ihn zu begraben.«

Als Ausgangspunkt für eine Tour durch den Burren eignet sich der Ort **Kilfenora** an der R 476, in dem das *Burren Display Centre* (Mitte März–Mai, Sept./Okt. tgl. 10–17, Juni–Aug. tgl. 9.30–18 Uhr, Tel. 065/708 80 30, www.theburrencentre.ie) Auskunft über Geologie, Geschichte, Flora und Fauna der Region gibt. Neben dem Centre liegt die *Kathedrale von Kilfenora*. Sie soll im 6. Jh. vom hl. Fachtnan gegründet worden sein, wird aber erst 1055 urkundlich erwähnt. Die jetzige Kathedrale wurde um 1200 gebaut und war bis ins 17. Jh. hinein Mittelpunkt einer Diözese. Heute darf sie als einzige Kirche in Irland den Papst ihren Bischof nennen.

Am bekanntesten ist Kilfenora für seine Hochkreuze. Das eindrucksvollste ist das etwa 800 Jahre alte *Doorty Cross* vor der Westwand der Kathedrale. Im Unterschied zu den übrigen ist sein Kreuzring nicht durchbrochen. Auf seiner Ostseite ist eine Figur mit einem Bischofsstab dargestellt – vielleicht der hl. Petrus in seiner Eigenschaft als Bischof von Rom, vielleicht Christus als Abt der Erde. Die zwei kleineren Figuren mit den ineinander verschlungenen Armen sind entweder ein Bischof und der Abt des Klosters oder Kirchenväter, die von Christus die Anweisung erhalten, den Teufel zu bekämpfen, der zu ihren Füßen in Form eines Vogels ein Tier verschlingt. Die stark verwitterte Westseite zeigt den gekreuzigten Christus über einem iro-wikingischen Ornament, an dessen unteren Ausläufern sich ein reitender Mann festhält – möglicherweise Jesus beim Einzug nach Jerusalem.

Vor allem für sein *Match Making Festival* (www.matchmakerireland.com) ist der 8 km nordwestlich von Kilfenora gelegene Kurort **Lisdoonvarna** berühmt. Alljährlich am letzten Augustwochenende beginnt das große, einen Monat andauernde Treffen der heiratswilligen Singles. *Matchmakers* – Heiratsvermittler – gab es auch in anderen Gegenden Irlands, doch nur in Lisdoonvarna hat sich ihre Art, Ehen anzubahnen, tradiert.

Fährt man von Kilfenora aus in Richtung Osten, so gelangt man nach ca. 5 km zum **Leamaneh Castle**, einem Turmhaus aus dem 15. Jh., das im 17. Jh. um ein Herrenhaus im Tudorstil erweitert wurde. Die Straße (R 480), die nach diesem Bauwerk links in nördlicher Richtung abzweigt, führt direkt in das Herz des Burren. Nach etwa 8 km kommt man zur **Carran Church**, einem schlichten Bau, der als repräsentativ für die Pfarrkirchen des Mittelalters gelten darf. 1,5 km weiter liegt das bronzezeitliche **Polawack-Steinhügelgrab**. Man erreicht es am besten auf dem nach links abbiegenden Sträßchen Richtung Noughaval, an dem nach wenigen hundert Metern ein Schild auf das Grab verweist. Archäologische Untersuchungen brachten Gebeine von acht Verstorbenen sowie Austernschalen, einen Bärenzahn und einige Artefakte als Grabbeigaben zum Vorschein. Heute ist der über 2 m hohe Steinhügel mit seinem Durchmesser von 20 m wieder überwachsen, doch in seiner Anlage gut erkennbar.

Caherconnell wird das Ringfort genannt, das 1,5 km weiter, auf der linken Seite der Straße nach Ballyvaughan, steht. Es ist im Gegensatz zu anderen von Bewuchs frei. Abermals 1 km weiter erhebt sich rechts – 100 m von der Straße entfernt, aber nicht zu übersehen – der **Poulnabrone Dolmen**, das bekannteste und meistfotografierte Megalithgrab Irlands. Das Tonnengewicht des großen Decksteins ruht scheinbar schwerelos auf den Seitenstützen, die sich nicht mehr ganz in der ursprünglichen Lage befinden. Der ca. 5000 Jahre alte Dolmen ist jederzeit zugänglich, doch ist Vorsicht geboten, denn der Kalksteinboden ringsum ist zerklüftet und nur schwer zu begehen.

Ein weiteres, äußerst sehenswertes Monument ist das **Gleninsheen-Galeriegrab** gut 1 km vom Poulnabrone Dolmen entfernt an der Ostseite der Straße. Es wird zwar im Volksmund ›Druidenaltar‹

genannt, kann aber mit den Priestern der Kelten nicht wirklich in Zusammenhang gebracht werden: Es dürfte mehr als 4000 Jahre alt sein. 1930 fand hier ein Junge den wundervoll gearbeiteten *Gleninsheen-Goldkragen*, ein Schmuckstück aus dem 7. Jh. v. Chr., das nun im Nationalmuseum in Dublin [Nr. 1] ausgestellt ist.

Anschließend passiert man in Richtung Ballyvaughan das links hinter einem Viehzaun gelegene *Ballyallaban-Ringfort*, kurz darauf zweigt eine Straße zur **Aillwee Cave** (tgl. 10–18.30, März–Okt. bis 17.30 Uhr, Tel. 065/7077036, www.aillweecave.ie) ab – der einzigen der zahlreichen Höhlen dieser Gegend, die Besuchern offen steht. Sie entstand beim Abschmelzen der großen Gletscher vor 10000–12000 Jahren, als Wasser durch den Kalkstein sickerte und in der Tiefe auf wasserundurchlässiges Gestein traf. Auf diesem floss es ab und wusch dabei die Hohlräume aus. Lange diente die Höhle dann Bären zum Winterschlaf, von Menschen war sie nie bewohnt. 1944 wurde sie von einem Schäfer entdeckt und 1976 für Besucher geöffnet. Die halbstündigen Führungen durch das Labyrinth aus Stalagmiten und Stalagtiten sind ein Erlebnis, das insbesondere an Regentagen zu empfehlen ist.

Nach kurzer Fahrt mündet die R 480 in die N 67, der man nach rechts in den Ort **Ballyvaughan** folgt, wo Souvenirgeschäfte und Kunsthandwerksläden, Bed & Breakfast-Pensionen und Restaurants zum Verweilen einladen.

Die karge Karstlandschaft des Burren **(oben)** *bietet einen scharfen Kontrast zu den unmittelbar angrenzenden Weidelandschaften mit saftig grünen Wiesen* **(unten)**

Ein letzter Abstecher vor dem Verlassen des Burren bietet sich bei der Ortschaft *Bellharbour* an, wo ein Hinweisschild zur **Corcomroe Abbey** führt. Die Ruinen der Zisterzienserabtei liegen knapp 2 km südlich der N 67 in einem grünen Tal, das offenbar einst so gute Böden hatte, dass man die Niederlassung *St.*

Fast schwerelos erscheint die mächtige Deckplatte des Poulnabrone Dolmen, der sich wie ein überdimensionaler Tisch in der steinigen Landschaft erhebt

Monumente

Irland besitzt eine verwirrende Fülle von Monumenten aus frühen Epochen. Die ältesten davon sind die **Dolmen** (breton.: Steintisch). Sie werden meist als Gräber bezeichnet, können aber auch andere Funktionen gehabt haben, etwa die des Tempels oder des symbolischen Eingangs zur jenseitigen Welt. Mehrere Monolithen tragen einen Deckstein; je nachdem, ob zwei aufrecht stehende Steine den Eingangsbereich betonen (z. B. beim Poulnabrone Dolmen) oder die Kammer sich nach hinten verjüngt (wie beim Gleninsheen Dolmen), nennt man sie Portal- oder Keilgräber. Ihr Alter wird auf 2500 bis 4000 Jahre geschätzt.

Wie die Dolmen, so gehören auch die **Gang-** und die **Hofgräber** dem Komplex der Megalithgräber an (Megalith = großer Stein). Bei den ersteren führt ein überdeckter Gang zur Grabkammer (Newgrange), im Falle der letzteren muss man einen oder mehrere Vorhöfe durchschreiten, um zu ihr zu gelangen (Creevykeel). Meist waren diese Anlagen mit Steinen oder Erde überdeckt. Gebaut wurde dieser Grabtyp bis in die Bronzezeit hinein.

Aus jener Epoche stammen auch die **Steinkreise**, runde oder ovale Monolithsetzungen, die wahrscheinlich als Kult- und Versammlungsstätten dienten und möglicherweise auch mit der Himmelsbeobachtung im Zusammenhang standen.

Nach der Einwanderung der Kelten begann die Epoche der **Stein-** oder **Ringforts** (Staigue Fort in Kerry). Sind sie in exponierter Lage errichtet, nennt man sie **Promontory Forts** (Dun Aengus). Ihre Entstehungszeit dürfte in der Eisenzeit zwischen dem 8. und dem 1. Jh. v. Chr. anzusiedeln sein, manche wurden möglicherweise erst im 5. Jh. n. Chr. errichtet. Mehrere Meter hohe Mauerringe, die manche dieser Forts umgaben, deuten auf eine Funktion als Verteidigungsanlage hin. Der Umstand jedoch, dass die Bewohner der Forts keinerlei Zugang zu Frischwasserquellen hatten und Belagerungen somit nicht lange hätten standhalten können, lässt eher einen friedlichen Zweck, etwa die Ausübung eines Kults vermuten. Gesicherte Erkenntnisse über ihre tatsächliche Funktion und Bedeutung gibt es bisher nicht.

Mary's of the fertile rock – ›Heilige Maria vom fruchtbaren Felsen‹ nannte. Die Kirche wurde Anfang des 13. Jh. erbaut und ist relativ gut erhalten. Sie weist bereits Stilelemente der Frühgotik auf.

An der Galway Bay entlang führt die N67 weiter nach **Kinvarra**, wo sich am Ortsrand **Dunguaire Castle** (Mitte April–Sept. 9.30–17 Uhr) erhebt. In der Burg aus dem 16. Jh. veranstaltet Shannon Heritage – wie in Bunratty und Knappogue Castle – mittelalterliche Bankette (s. S. 88, Tel. 061/36 07 88, Fax 061/36 10 20, www.shannonheritage.com).

i Praktische Hinweise

Information

Tourist Office, Burren Centre, Kilfenora, Tel. 065/708 80 30

Hotels

****Gregans Castle Hotel**, Ballyvaughan, Tel. 065/707 70 05, Fax 065/707 71 11, www.gregans.ie. Luxushotel inmitten des Burren. Entspannte Atmosphäre, offene Kamine (Dez.–Febr. geschl.).

Carraighliath B&B, Geraldine Howley, Kilfenora, Tel. 065/708 80 75. In dem freundlichen Haus wohnt man günstig, zudem wird hier irische Musik gepflegt.

Restaurant

Cassidy's Pub, Carron, Tel. 065/708 91 09, www.cassidyspub.com. Ideal für die Mittagspause bei der Wanderung durch den Burren.

27 Galway

Die größte Stadt an der Westküste hat recht viel Flair.

Galway (70 000 Einw.), Verwaltungszentrum und Hauptstadt des gleichnamigen Counties, ist voll Atmosphäre, Charakter und Leben. Mit großen Sehenswürdigkeiten kann sie nicht aufwarten, ihr Charme rührt vielmehr daher, dass es hier auch einen Hafen und eine Universität samt regem Kulturbetrieb gibt.

Geschichte Von den bescheidenen Anfängen eines Fischerdorfes an der Einmündung des *River Corrib* in die Galway Bay stieg Galway schon früh zu einer blühenden Handelsstadt auf. 1270 umgaben die Anglo-Normannen, die den vorher hier ansässigen Clan der O'Flaherty's vertrieben hatten, die Siedlung erstmals mit einer Mauer. Ende des 14. Jh. legte König Richard II. die Geschicke der Stadt in die Hände von 14 adeligen Familien, wodurch sie zu dem heute noch geläufigen Beinamen *City of the Tribes* kam. Der Handel mit anderen europäischen Ländern, vor allem mit Spanien, brachte nicht nur Geld in die ›Stadt der Stämme‹, sondern auch andere kulturelle Einflüsse. Die Blütezeit endete mit der Einnahme durch Cromwells Truppen im Jahr 1651. In den 1990er-Jahren wurde Galway zu einer modernen Stadt mit eleganten Restaurants – und ständig verstopften Straßen.

Besichtigung Das Zentrum ist von überschaubarer Größe. Einen Rundgang beginnt man sinnvollerweise am *Eyre Square*. Er umgibt den **John F. Kennedy Memorial Park**, in dem eine Tafel an den Besuch des US-Präsidenten im Jahr 1963 erinnert. Auf der Rasenfläche des Parks tummelt sich an sonnigen Tagen ein junges, internationales Publikum – vorwiegend Studenten der Universität, an der übrigens in Englisch und Irisch unterrichtet wird.

An der Westseite des Platzes vermittelt **Browne's Doorway**, die wieder aufgestellte Fassade eines Bürgerhauses aus dem Jahr 1627, einen Eindruck vom Lebensstil in der Handelsstadt Galway zu deren großer Zeit. Daneben sitzt, in Bronze gegossen, *Pádraig O'Conaire*, ein Schriftsteller, der sich um 1900 einen Namen als Erneuerer der irischsprachigen Literatur gemacht hat. Wenige Meter entfernt wurde anlässlich der 500-Jahr-Feier der Stadt 1984 eine Metallplastik aufgestellt, deren Formen an die Segel eines *Galway-Hookers*, des traditionellen Fischerbootes, erinnern sollen.

Über die am Eyre Square beginnende Williamsgate Street gelangt man zu **Lynch's Castle**, einem Stadtpalais aus dem 16. Jh., in dessen Erdgeschoss nunmehr eine Bankfiliale ihren Sitz hat. Das

Zu Lebzeiten ein ›Enfant terrible‹, heute als Vater der modernen gälischen Literatur gefeiert – Pádraig O'Conaire (1882–1928) hat in Galway einen Ehrenplatz erhalten

Manches, was die Geschäfte Galways in ihren Auslagen zur Schau stellen, bezieht seine Liebenswürdigkeit aus einer gewissen Skurrilität

Haus, dessen Fassade mit Fabeltieren, Wappen und Wasserspeiern verziert ist, gehörte einst den Lynchs. Ein Mitglied dieser renommierten Familie, *James Lynch FitzStephen*, der im 15. Jh. Bürgermeister von Galway war, steht im Mittelpunkt einer tragischen Geschichte: Sein Sohn Walter hatte im Streit einen jungen Spanier getötet. Der Vater, der als Bürgermeister auch richterliche Funktionen ausübte, verurteilte ihn zum Tode. Da sich jedoch Walter bei der Bevölkerung großer Beliebtheit erfreute, fand sich niemand, der das Urteil vollstrecken wollte – woraufhin James Lynch die Exekution eigenhändig vornahm.

Den legendären Ort des Geschehens markiert das **Lynch Memorial Window** in der Market Street hinter der **St. Nicholas Church**. Diese Kirche an der Shop Street nicht weit von Lynch's Castle, ist Galways bedeutendstes Bauwerk. Seit ihrer Errichtung im Jahre 1320 hat sie viele Veränderungen erfahren, aber ihr Aussehen dürfte weitgehend noch dem des Mittelalters entsprechen. Gelitten hat sie vor allem nach der Cromwellschen Eroberung, als man sie als Pferdestall benutzte. Der bekannteste Name, der sich mit dem Gotteshaus verbindet, ist der von Christoph Kolumbus. Der Entdecker Amerikas soll auf einer seiner Reisen in Galway angelegt und in der *Collegiate Church of St. Nicholas of Myra*, wie sie mit vollem Namen heißt, sein Gebet verrichtet haben.

Neben der Kirche, zur Guard Street hin, wird täglich ein bunter Markt abgehalten, auf ihrer anderen Seite beginnt Bowling Green, eine kleine Straße, in der auf Hausnr. 8 das **Nora Barnacle House** (Mitte Mai–Mitte Sept. Mo–Sa 10–17 Uhr, mittags geschl., Tel. 091/56 47 43, www.norabarnacle.com) zu finden ist. Der Frau, die viele Jahre lang Lebensgefährtin und schließlich Ehefrau von James Joyce war, ist hier in ihrem Elternhaus ein liebenswürdiges kleines Museum eingerichtet.

Wenig weiter südlich sieht man auf der anderen Flussseite **Claddagh**, das ehemalige Fischerdorf, dessen Bewohner einst einen eigenen Dialekt sprachen und eigene Trachten hatten. Das Dorf ist heute ein modernes Stadtviertel, die Traditionen sind in Vergessenheit geraten – mit einer Ausnahme: Der *Claddagh-Ring* wird immer noch getragen, die Juweliere Galways benutzen ihn als Aushängeschild. Er hat die Form von zwei Händen, die ein gekröntes Herz halten. Früher trug ihn, wer bereits vergeben war, so, dass das Herz Richtung Hand zeigte, wer einen Partner suchte, ließ das Herz Richtung Fingerkuppe weisen.

Wendet man den Blick nun nach links, so sieht man auf den **Spanish Arch**, ein nicht übermäßig imposanter Bogen, der

Im Hafenviertel Galways hat sich in den vergangenen Jahren eine Kultur- und Kneipenszene entfaltet, die sich vor allem durch Weltoffenheit auszeichnet

aller Wahrscheinlichkeit nach einmal ein Teil der Stadtmauer war. In dem Gebäude, an das er sich anlehnt, ist das **Stadtmuseum** (Mo–Sa 10–13 und 14–17 Uhr, Tel. 091/53 24 67) untergebracht. Es lohnt sich, in der Umgebung des Hafens durch die kleineren Straßen zu schlendern und in Hinterhöfe zu schauen, denn allenthalben wurden hier alte Gebäude stilvoll renoviert, entstanden Galerien, Cafés und Läden mit geschmackvoller Einrichtung.

Zur Fortsetzung des Stadtrundgangs bietet sich der Weg entlang des Flusses an. An seinem Ostufer führt er bis zur *Salmon Weir Bridge*, oberhalb der ein Wehr den Wasserstand des Corrib reguliert. Mit etwas Glück kann man hier Lachse beobachten, die über eine Fischleiter flussaufwärts zu ihren Laichplätzen schwimmen. Auf der anderen Seite der Brücke steht die **St. Nicholas Cathedral**. Sie wurde 1965 eingeweiht, ist wuchtig und imposant, lässt aber innen wie außen ein arges Durcheinander von Baustilen erkennen.

Wer in Galway Quartier nimmt, kann sich dienstags und freitags abends ein besonderes Vergnügen bereiten und ein Windhundrennen besuchen. Der **Greyhound Race Track** in der College Street ist nicht weit vom Zentrum entfernt.

Erwähnt sei außerdem **Salthill**, ein Vorort Galways, südwestlich der Stadt. Noch vor 30 Jahren waren seine Hotels und Golfplätze bevorzugter Aufenthaltsort der irischen Oberschicht, inzwischen hat er seine Exklusivität verloren. Attraktiv ist Salthill aber noch immer, besonders für Gäste, die Galway als Basis für Ausflüge auf die Aran Islands [Nr. 28] oder ins Lan-

Reminiszenzen an die verschiedenen Stilepochen der Kirchenbaukunst präsentiert die erst Mitte des 20. Jh. entstandene St. Nicholas Cathedral in Galway

desinnere wählen und zwischendurch die Gelegenheit nutzen möchten, im Meer zu baden.

Praktische Hinweise

Information

Galway West Tourism, Aras Fáilte Tourist Office, Forster Street, Galway, Tel. 091/53 77 00, www.westirelandl.ie

Galway East Tourism, Old Church St, Athenry (15 km östlich von Galway), Tel./Fax 091/85 06 87, www.galwayeast.ie

Hotels

******Hotel Meyrick**, Eyre Square, Galway, Tel. 091/56 40 41, Fax 091/56 67 04, www.hotelmeyrick.ie. Gediegenes Hotel in einem Bau von 1845, stilvoll renoviert, direkt im Zentrum mit Pool und Sauna.

Costello's Seashore Lodge, 4 Cashelmara, Knocknacarra Cross, Galway-Salthill, Tel./Fax 091/52 91 89. Helles freundliches B & B in einem Vorort am Meer, unweit Galway Promenade und Golfplatz.

Restaurants

GBC Restaurant, 7 Williamsgate Street, Galway, Tel. 091/56 30 87. Die Abkürzung bedeutet *Galway Bakery Company*, aber die Menüauswahl geht weit über Backwaren hinaus.

TOP TIPP **McDonagh's Seafood House**, 22 Quay Street, Galway, Tel. 091/56 50 01, www.mcdonaghs.net. Alteingesessenes Lokal mit reichem Fischangebot frisch aus dem Meer, nicht nobel, aber durchaus eine Institution. Angegliedert ist ein nicht minder guter Fish & Chips-Imbiss.

28 Aran Islands

Inselgruppe in der Galway Bay – abgelegen und von ganz besonderem, sprödem Reiz.

Auf den Aran Islands gibt es eine ganze Reihe von Ruinen alter Kirchen und Steinforts. Die meisten Besucher aber fasziniert vor allem die Abgeschiedenheit der Inseln vom Rest der Welt. 1600 Menschen leben auf den drei Hauptinseln *Inishmore*, *Inishmaan* und *Inisheer*. Vier kleinere Eilande sind unbewohnt. Die Kalksteinplatte, auf der man sich bewegt, stellt geologisch eine Fortsetzung des Burren dar. Ebenso karg und felsig ist auch die Landschaft. Die Vegetation ist dürftig, aber keineswegs eintönig. Immerhin findet man vier Wachstumszonen, denn auf dem Stein, in den Sanddünen, auf den von der Flut immer wieder unter Wasser gesetzten Flächen und auf dem von den Bewohnern bearbeiteten Boden gedeihen naturgemäß ganz unterschiedliche Pflanzen.

Am eindrucksvollsten wurde das Leben auf den Inseln von *John Millington Synge* beschrieben, der 1898–1902 allsommerlich die Aran Islands besuchte.

Inishmore ist mit einer Länge von 14 km und einer Breite von 3 km die größte der Aran Islands. Die meisten Besucher kommen mit der Fähre in **Kilronan**, dem Hauptort der Inselgruppe, an. Am nördlichen Ortsrand, neben der Kirchenruine, macht das *Ionad Árann Heritage Centre* (April–Okt. tgl. 11–17, Juni–Aug. tgl. 10–19 Uhr, Tel. 099/613 55, www.visitaranislands.com) mit Geschichte, Geologie und Kultur der Inseln vertraut. Außerdem kann man sich in Kilronan eine Kutsche oder ein Fahrrad mieten, bzw. eine Inselrundfahrt mit einem Minibus buchen.

Einer der ersten Anziehungspunkte sind die etwa 2 km südöstlich bei **Killeany** gelegenen Überreste des vom *hl. Enda* gegründeten Klosters **St. Eany's** (*Cill Éinne* = Kirche des Enda), das über viele Jahrhunderte hinweg als eines der bedeutendsten in ganz Irland galt; u. a. sollen hier der hl. Brendan und der hl. Ciaron von Clonmacnoise studiert haben. Mehrmals wurde es von den Wikingern geplündert, doch zog sich sein Niedergang über Jahrhunderte hin. Das Ende kam mit der Auflösung durch Königin Elisabeth I. Übrig geblieben sind die Ruinen von St. Eany's *Rundturm*, der bei einem Unwetter im 19. Jh. einstürzte, die Reste einiger Kirchengebäude, darunter *Teampull Bheanáin* und *Teaghlach Éinne*, sowie die Fundamente von Bienenkorbzellen, die den Mönchen als Wohnstätten dienten. Unweit der ehemaligen Klosteranlage ist die Ruine von **Arkyn's Castle** zu sehen. Die im 16. Jh. errichtete lang gestreckte Burg fand nach der Eroberung durch die Cromwellschen Truppen als Gefängnis Verwendung.

Direkt an der Küste etwa 1,5 km nordwestlich von Kilronan liegen die Reste von **Teampull Chiarain**, Ciaráns Kirche, die zum größten Teil aus dem Mittelalter stammt, und **Teampull Asurnai**, die der hl. Soarney zugeschrieben wird. **Team-**

Oben: *Kilometerlange Steinmauern schützen die wenigen Acker- und Weideflächen vor Erosion – und prägen das Landschaftsbild*
Unten: *Klima- und Bodenverhältnisse haben auf den Aran Islands Bedingungen geschaffen, die für Besucher faszinierend sind; das Leben auf den Inseln dagegen ist hart*

pull an Ceathrar Alainn, ›Kirche der vier anmutigen Heiligen‹ heißt ein Gebäude in der Nähe der Ortschaft *Cowrugh* – ohne dass jemand eine Erklärung für diesen Namen hätte. Ein Brunnen in einem Feld südlich davon ist der Gegenstand von J. M. Synges Stück ›The Well of the Saints‹. Die Überreste einer zweiten klösterlichen Ansiedlung in der Nähe von *Onaght*, im Westen der Insel, werden ›Seven Churches‹ genannt, obwohl es unwahrscheinlich ist, dass es dort jemals sieben Kirchen gab. Zu sehen sind die Ruinen der beiden Kirchen **Teampull A'Phoill** und **Teampull Breachain**. Die letztere – ein frühchristlicher, aber im Mittelalter erweiterter Bau – ist dem hl. Brecan geweiht, der westlich der Kirche beerdigt sein soll. Der Schaft eines Hochkreuzes kennzeichnet sein Grab.

Die eindrucksvollsten Zeugnisse aus der Geschichte der Aran Islands sind die Steinforts, z. B. **Dun Eonaghta**, landeinwärts bei *Sruthán* gelegen, vor allem aber das berühmte **Dun Aengus** an der Steilküste im Südwesten Inishmores, nahe *Kilmurvey*. Dieses Fort ist durch ein *Visitor Centre* (März–Okt. tgl. 10–18, Nov.–Febr. bis 16 Uhr) zugänglich. Es steht nicht eindeutig fest, ob ein Teil mit den Klippen, auf denen das halbrunde Fort stand, ins Meer gestürzt ist, oder ob die 60 m hohe Klippe von Anbeginn als Teil der Verteidigungsanlage in die Planung einbezogen

worden war. Insgesamt vier Mauerringe umgeben einen Innenbezirk, in dessen Mitte eine rechteckige, 12 x 9 m große Plattform steht. Sie ist gelegentlich als Altar interpretiert worden, was bedeuten würde, dass das Fort auch eine religiöse Funktion hatte.

Inishmaan, die mittlere Insel (irisch: *Inis Meáin*), ist durch den *Gregory's Sound* von Inishmore getrennt und von dort sowie von Doolin und Galway aus mit dem Boot erreichbar. Außerdem besteht eine Flugverbindung von Galway. Die 900 ha große Insel, auf der rund 250 Menschen leben, ist die am wenigsten besuchte der bewohnten Aran Islands. Mehr als die anderen eignet sie sich zum Wandern – entlang der Steinmauern, die die Felder umgeben und die Atmosphäre der Kargheit reizvoll verstärken – und zum Genießen der Ruhe, die schon John M. Synge immer wieder hierher zurückkommen ließ. Hauptort und Hafen ist *An Córa*. Südlich des Piers liegt **Kilcananagh**, ein kleines, einfaches, aber hervorragend proportioniertes Gebetshaus aus dem 11. oder 12. Jh. Zum Inselmittelpunkt hin, westlich des Örtchens *Ballinlisheen* sind noch die Fundamente von **Teampull na Seacht mic Righ**, der ›Kirche der sieben Königssöhne‹ erkennbar. Eindrucksvoller aber ist das nahe gelegene Steinfort **Dun Conor**. Das Oval seiner massiven Mauern umgibt Reste zweier Bienenkorbhütten. Ein weiteres, kleineres, D-förmiges Fort, **Dun Farvagh**, erhebt sich auf einem Hügel im östlich Teil der Insel.

Inisheer, mit 10 km^2 die kleinste der bewohnten Inseln, ist nur 8 km von der Küste der Grafschaft Clare entfernt. Seine Bewohner leben vorwiegend auf der Nordseite, wo sich auch die Flugpiste und der Hafen befinden. Diese werden von einer **Burg** der O'Briens aus dem 15.Jh. überragt, die inmitten der Überreste eines Ringforts steht. **Teampull Chaoimhain**, zwischen Burg und Landebahn gelegen, ist eine kleine, dem hl. Kevin geweihte Kirche mit einem gotischen Chor, die alljährlich am 13. Juli Ziel einer Wallfahrt ist. Zu anderen Zeiten sammelt sich in ihr meist der Treibsand.

Ein Spaziergang zu dem – nicht zugänglichen – Leuchtturm im Süden der Insel ist ein wirkliches Erlebnis. An der Ostspitze Inisheers ist das Wrack der *Plassy* zu sehen, eines Frachters, der 1960 hier auf die Felsen geworfen wurde.

i Praktische Hinweise

Information

Tourist Office, Kilronan, am Pier, Inishmore, Tel. 099/612 63

Flugzeug

Aer Arann, Tel. 091/59 30 34, www.aerarann.ie. Die Fluggesellschaft fliegt von Minna bei Inverin, 19 km westlich von Galway, auf alle drei Inseln.

Schiff

Aran Island Ferries, Tel. 091/56 89 03, www.aranislandferrries.com. Fähren verkehren ganzjährig von Rossaveal (30 km westlich von Galway, 30 Min. Überfahrt) nach Kilronan.

Aran Islands Direct, Tel. 091/56 65 35, www.queenofaran2.com. Die ›Queen of Aran II‹ verkehrt ebenfalls von Rossaveal nach Inishmore.

Doolin Aran Ferries, Tel. 065/707 44 55, www.doolinferries.com. April–Okt. tgl. ab Doolin (County Clare) in ca. 20 Min. auf die drei Hauptinseln der Arans.

Inseltouren

Hernon's Aran Tours, Kilronan, Inishmore, Tel. 099/611 31, Fax 099/613 30. Zweieinhalbstündige Minibus-Touren rund um Inishmore.

Hotel

***__Ard Einne Guesthouse__, bei Killeany, Inishmore, Tel. 099/611 26, Fax 099/613 88, www.ardeinne.com. Private Atmosphäre und großartiger Ausblick.

Restaurant

Aran Fisherman, Kilronan, Inishmore, Tel. 099/613 63. Restaurant in Hafennähe mit großer Auswahl an Fisch-, Fleisch-, Nudel- und vegetarischen Gerichten.

29 Clonmacnoise

TOP TIPP *Eine der bedeutendsten frühmittelalterlichen Klosteranlagen Irlands.*

Die Besonderheit von Clonmacnoise ist seine herrliche und exponierte Lage am Ufer des Shannon, von hier schweift der Blick über drei Provinzen. Sie lässt es bei einiger Fantasie zu, sich ein Bild vom einstigen Klosterleben zu machen oder sich das Herannahen der Wikingerschiffe vorzustellen …

Früher Ziel wikingischer Raubzüge, heute beliebte Anlegestelle für Freizeitkapitäne auf dem Shannon: der Klosterbezirk Clonmacnoise mit O'Rourke's Tower

Geschichte Clonmacnoise verdankt seine Existenz dem hl. Ciaron. Er war von Beruf Zimmermann und starb 545 im Jahr der Klostergründung. Bald zog sein Grab Pilger an, die ebenso wie die für den Handel günstige Lage am Shannon und die Patronage mehrerer Könige sehr zum Wohlstand der Mönchsgemeinde beitrugen. Im Hochmittelalter war Clonmacnoise eines der bedeutendsten Bildungs-, Kunst- und Handwerkszentren Irlands. Sein Ende kam 1522, als es englische Soldaten zerstörten.

Besichtigung Man betritt die Klosteranlage durch das *Visitor Centre* (Mitte Mai–Sept. tgl. 9–19, sonst tgl. 10–17.30/18 Uhr, Tel. 090/9674195). Hier sind – neben der obligaten Tonbildvorführung und zahlreichen Schautafeln – Grabsteine zu sehen, die im 8.–12. Jh. im Kloster gefertigt wurden, sowie vor allem die Originale der Hochkreuze von Clonmacnoise.

Unter diesen ragt das **Cross of the Scriptures** mit seinen leicht nach oben weisenden Armen hervor. Es ähnelt dem Muiredach's Cross von Monasterboice [Nr. 6]. Die Ornamente und figürlichen Darstellungen führen, wenngleich verwittert, den hohen Stand der Reliefkunst im 10. Jh. vor Augen. *Flann's Cross*, wie es auch heißt, hat seinen Namen von einer Inschrift, mit der es der Abt Colman dem König Flann Sinna widmete. Bei den beiden Figuren über der Inschrift handelt es sich wahrscheinlich um den hl. Ciarán und König Diarmuid, der dem Heiligen bei der Errichtung seiner Kirche hilft.

Das etwa 3 m hohe **Südkreuz** aus dem 9. Jh. ist vorwiegend mit Flechtmustern und geometrischen Motiven bedeckt, zeigt aber auch einige figurale Darstellungen. Vom **Nordkreuz** ist lediglich der Schaft mit den verschlungenen, stark verwitterten Ornamenten erhalten.

Statt der Originale stehen nun Kopien der genannten Kreuze im Klosterareal. Wenn man auf dieses hinaustritt, gewahrt man zur Linken **O'Rourke's Tower**, einen 19 m hohen Rundturm aus dem 10. Jh. Geradeaus im Blickfeld erhebt sich die **Kathedrale**, das größte Kirchengebäude von Clonmacnoise. Es wurde 904 von König Flann und dem Abt Colman errichtet, die jetzige Gestalt geht aber im Wesentlichen auf das 14. und 15. Jh. zurück. Ursprünglich hatte das Kloster keine große Kirche, sondern – neben den Hütten, in denen die Mönche lebten – etwa ein Dutzend Holzkirchen. Auch jetzt noch bestimmen kleine Gotteshäuser das Bild. Rechts neben bzw. südlich der Kathedrale liegt **Teampull Doolin**, benannt nach *Edmund Dowling*, der das Gebäude im 17. Jh. restaurieren ließ. An ihre Mauern grenzt die möglicherweise ebenfalls von Dowling gestiftete Kirche **Teampull Hurpan**. **Teampull Rí**, das größere Gebäude östlich davon, stammt aus dem 12. Jh. In **Teampull Ciarán**, dem kleinen Kirchlein daneben, dessen Entstehungszeit nicht mehr zu ermitteln ist, soll der Klostergründer begraben liegen. Im Inneren ist ein Eck abgetrennt: Die Erde hier gilt als heilig – ist aber leider meist von leeren Zigarettenschachteln und ähnlichem Unrat bedeckt. An dieser Stelle wurden einst die großartigen Krummstäbe gefunden, die nun im Nationalmuseum in Dublin ausgestellt sind [s. S. 27]. **Teampull Kelly**, an der Nordostecke der Kathedrale, ist nur mehr in Fragmenten erhalten. Etwas weiter von der Kathedrale entfernt steht rechts des Rundturms **Teampull Connor**, seit 1780 von der protestantischen *Church of Ireland* benutzt. Teampull Finghin mit dem **McCarthy Tower** ist in die nördliche Klosterumfriedung einbezogen. Die rechts vor ihr stehende, sehr moderne **Kapelle**, in der Papst Johannes Paul II. vor Jahren einmal eine Messe gelesen hat, trägt nicht unbedingt zur Verschönerung der würdigen Stätte bei.

Durchquert man den Friedhof östlich des Klosterbezirkes, so kommt man nach einigen hundert Metern zur **Nun's Church**, die vor allem wegen ihres iro-romanischen Portals sehenswert ist. Ebenfalls außerhalb, nicht weit vom Parkplatz entfernt, bröckelt auf einem Hügel die malerische Ruine eines normannischen **Kastells** vor sich hin.

i Praktische Hinweise

Hotel

Kajon House, Mrs. Catherine Harte, Creevagh (2 km südlich von Clonmacnoise), Shannonbridge, Tel. 090/967 41 91, kajonhouse@eircom.net. Gastfreundliches B & B mit sehr guter Küche.

30 Connemara

TOP TIPP *Einer der malerischsten und ursprünglichsten Teile der Grünen Insel.*

Schon ein kurzer Blick auf die Landkarte lässt erkennen, dass das Gebiet Connemara von zahllosen Seen und Wasserläufen geprägt und von Hügelketten durch-

zogen ist, und dass es weder in seinem Inneren noch entlang der zerklüfteten Küste, der Hunderte von Inseln vorgelagert sind, größere Ansiedlungen gibt. Den eigentlichen Zauber dieser außerordentlich abwechslungsreichen Landschaft macht das dichte Nebeneinander von Torfmooren und nacktem Gestein aus, von schwarzen Flüssen und dunklen Wäldern, das stets begleitet ist von den Blautönen der *Twelve Bens* und der *Maumturk Mountains* oder vom Grau des Meeres. Dazu treibt der Wind unablässig Wolken über die Szenerie hinweg.

Eine Gegend also von wild-romantischem Reiz, eine Gegend aber auch, die es ihren Bewohnern nie leicht gemacht hat. Landwirtschaft zu treiben ist fast unmöglich: Zu klein sind die nutzbaren Flächen, zu sauer die Böden, zu feucht das Wetter. Kein Wunder also, dass sich gerade hier ein Irland erhalten hat, das anderswo dem Walten der einstigen Kolonialherren zum Opfer fiel. Connemara gilt auch nach wie vor als *Gaeltacht area*, als irisch-sprachiges Gebiet. Tatsächlich gibt es noch ältere Menschen, deren Muttersprache das Gälische ist – aber sie werden selten. Leider wurde Connemara in den letzten Jahren durch allzu leichtfertig vergebene Baugenehmigungen stark zersiedelt, dennoch hat sich seine Schönheit in weiten Teilen erhalten.

Sobald man Galway auf der Küstenstraße in Richtung Westen verlassen hat, ist man in Connemara. **Barna**, **Furbo** und

Für Iren keine Landschaft, sondern ein Gemütszustand – Besucher spüren vor allem den Zauber Connemaras

Spiddle, in den 1960er-Jahren noch verträumte Dörfer, sind längst zu belebten Ferienorten geworden. Hier, wo es Badestrände gibt, wurden Ende des 20. Jh. zahlreiche Hotels gebaut und Freizeiteinrichtungen geschaffen. Nichtsdestotrotz kann man mit etwas Glück immer noch erleben, dass sich abends im Pub ein paar Leute spontan entschließen, traditionelle irische Musik zu spielen. Kaum ein Gast wird sich in einem solchen Fall imstande sehen, das Wirtshaus zu verlassen, ehe es schließt.

Irland besitzt mehr als die Hälfte der verbliebenen Torfmoore Europas

Je weiter man auf der Küstenstraße fährt, um so kleiner werden die Dörfer. Abstecher, etwa bei **Gortmore** auf die Halbinsel **Ros Muc**, bieten immer neue landschaftliche Reize. Erst mit **Carna**, einem Zentrum der Hummerfischerei, erreicht man wieder einen Ferienort. Hat man **Cashel** passiert und die *Bertraghboy Bay* umrundet, kommt man nach **Roundstone**, ein Dorf, das im 19. Jh. als Kolonie für schottische Fischer angelegt wurde. Es wird überragt vom 301 m hohen *Errisbeg*, von dem aus man einen großartigen Rundblick auf den Atlantik und die Seenplatte im Norden hat. Nur wenige Kilometer entfernt liegen die herrlichen Badestrände von **Gorteen Bay** und **Dog's Bay**. Wem das Wasser zum Baden zu kalt ist, kann immer noch eine wohltuende Strandwanderung unternehmen.

Kurz hinter Ballyconneely bietet sich eine weitere Gelegenheit zu einem Abstecher: Eine Seitenstraße zweigt in Richtung **Errislannan** ab, einem winzigen Dorf an der Spitze einer Halbinsel. Fährt man die Schleife um die Landzunge aus, sieht man auf einem Hügel ein steinernes Flugzeugheck in den Himmel ragen. Es wurde zu Ehren der Piloten *John Alcock* und *Arthur Whitten-Brown* aufgestellt, die im Juni 1919 hier in der Nähe notgelandet waren, nachdem sie als erste von Neufundland aus den Atlantik überflogen hatten.

Hauptort Connemaras ist **Clifden**, das ganz auf den Tourismus eingestellt ist. Hier gibt es zahlreiche hervorragende Fischrestaurants – kein Wunder, denn die Stadt ist u.a. ein Zentrum des Angelsports. Besucher können aber auch an einer der geführten Wanderungen zu den archäologischen Fundstätten der Umgebung teilnehmen. Von dem nordwestlich von Clifden gelegenen **Cleggan** verkehren Boote nach **Inishbofin**, einer 5 km vor der Küste gelegene Insel mit den Ruinen frühgeschichtlicher Forts und mittelalterlicher Kirchen.

i Praktische Hinweise

Information

Tourist Office, Galway Road, Clifden, Tel. 095/211 63

Hotels

******Cashel House**, Cashel Bay, Tel. 095/310 01, Fax 095/310 77, www.cashel-house-hotel.com. Hotel in wunderbarer, ruhiger Lage direkt am Meer. Viele Gourmet-Führer empfehlen sein Restaurant.

TOP TIPP ******Zetland Country House**, Cashel Bay, Connemara, Tel. 095/311 11, Fax 095/311 17, www.zetland.com. Elegantes, von weitläufigen Gärten umgebenes Haus direkt an der Bucht.

Connemara zu Fuß

Wer Spaziergänge und Wanderungen unternehmen möchte, findet auf den 2957 ha des **Connemara National Park** an der Nordseite der Twelve Bens gut ausgebaute Wege, die außerdem zum Kennenlernen von Flora und Fauna einladen. Die Parkverwaltung hat in der Vergangenheit erfolgreich Anstrengungen unternommen, hier irisches **Rotwild** anzusiedeln, das bereits ausgerottet war; inzwischen lebt wieder ein Rotwildrudel innerhalb der Parkgrenzen. Auch Connemara-Ponies werden gehalten.

Das **Visitor Centre** (April–Mai und Sept.–Mitte Okt. tgl. 10–17.30, Juni tgl. 10–18.30, Juli–Aug. 9.30–18.30 Uhr, Tel. 095/410 54) in Letterfrack informiert über Geschichte und Natur der Region, die Dia-Show ›Mensch und Landschaft in Connemara‹ bietet die Gelegenheit, mehr über diesen wunderbaren Teil Irlands zu erfahren.

*****Rock Glen Country House**, Ardbear, Clifden, Tel. 095/210 35, Fax 095/217 37, www.manorhousehotels.com. Gelungen modernisiertes Jagdhaus des 19. Jh. mit Tennisplatz, Angelangebot sowie Fisch- und Wildrestaurant.

Lighthouse View, Sky Road, Clifden, Tel. 095/221 13. Etwa 1 km außerhalb gelegenes B & B, gegenüber Clifden Castle, mit großartiger Aussicht auf zwei Buchten.

Restaurant

Mitchells, The Square, Clifden, Tel. 095/218 67. Beliebt für seine kräftigen Fleisch- und Fischgerichte.

31 Kylemore Abbey

Benediktinerinnenkloster in zauberhafter Lage.

Eingebettet in üppiges Grün, im Hintergrund den dicht bewachsenen Hügel, im Vordergrund den klaren See, entspricht Kylemore Abbey exakt den Vorstellungen von einem englischen Märchenschloss. Vor allem vom Ostende des Sees aus bietet es, insbesondere zur Zeit der Rhododendronblüte in den ersten Juniwochen, einen herrlichen Anblick.

Geschichte Kylemore (irisch: *Coill Mor* = großer Wald) wurde als privates Schloss erbaut. 1862 erwarb der englische Kaufmann Henry Mitchell das Land am Lake Pollacappul, siedelte die Pächter der kleinen Höfe um und ließ das Schloss im Stil des Tudor-Historismus errichten. Sämtliches Baumaterial, ja sogar der Humus für die weitläufigen Gärten, musste mit Eselskarren aus 80 km Entfernung herbeigeschafft werden. Exotische Bäume – Douglas-Fichten, Sequoien, Taxidien, Kamelien – wurden angepflanzt und gedeihen wegen der wettergeschützten Lage noch immer, in Gewächshäusern reiften Bananen, Trauben und Pfirsiche.

1920 ging das Schloss nach mehrfachem Besitzerwechsel an die Irischen Damen von Ypern über. Dieser benediktinische Orden war 1688 von James II. gegründet und nach dessen Niederlage gegen William von Oranien aus Irland vertrieben worden. Im flandrischen Ypern hatte er eine neue Heimat gefunden. Nach dem Ersten Weltkrieg kehrten die Damen nach Irland zurück und richteten im Schloss von Kylemore ihr Kloster und ein Mädchenpensionat ein.

Kylemore Abbey – im 19. Jh. weltentrücktes Märchenschloss eines exzentrischen Kaufmannes, heute Heim eines Benediktinerinnenordens

Besichtigung Die Innenbesichtigung des **Hauptgebäudes** (tgl. 9–17 Uhr, www.kylemoreabbey.com) beschränkt sich auf einen Teil des Erdgeschosses – immerhin genug, um einen Eindruck vom einstigen Interieur entstehen zu lassen. Schrifttafeln erläutern die Geschichte des Schlosses sowie des Benediktinerinnenordens.

TOP TIPP Östlich des Hauptgebäudes liegt die **Klosterkirche** (tgl. 9–17 Uhr). Henry Mitchell hatte sie nach dem Tod seiner Frau zu deren Andenken errichten lassen. Diese gotische Miniaturkathedrale ist ein wahres architektonisches Juwel. Sie ist den englischen Kirchen des Mittelalters nachempfunden und wirkt von außen durch ihre Kompaktheit, von innen durch ihre reiche Marmor-Ausstattung. Im Westen des Hauptgebäudes liegt der viktorianische **Garten** (Ostern–Okt. tgl. 10–16.30 Uhr), der nach Originalplänen wiederhergestellt wurde.

Im **Visitor Centre** (tgl. 9–17 Uhr) ist ein kurzer Videofilm über Kylemore zu sehen. Die Nonnen betreiben hier außerdem ein Selbstbedienungs-Restaurant und einen Souvenirladen mit umfangreichem Angebot an Töpferware.

i Praktische Hinweise

Information

Visitor Centre, Kylemore Abbey, Tel. 095/41146, www.kylemoreabbey.com

32 Westport

Freundliche Kleinstadt an der Clew Bay.

Der englische Dichter William Thackeray, der Mitte des 19.Jh. den Westen Irlands bereiste, nannte die Landschaft um die *Clew Bay* die »schönste auf der ganzen Erde«. Dass Thackeray nicht die ganze Erde kannte, schmälert die Berechtigung seiner Aussage nicht. Westport, der größte Ort an der Bucht, ist ein ansprechendes, quirliges Städtchen und in jedem Fall einen Bummel wert.

Westport unterscheidet sich von den meisten irischen Kleinstädten dadurch, dass sich sein Aussehen nicht durch ein allmähliches Anwachsen entwickelte, sondern von Grund auf geplant wurde. Eine frühere Siedlung lag westlich des nunmehrigen Zentrums in der Umgebung des Westport-Hauses. 1780 entwarf man einen neuen Stadtplan und setzte ihn um. Als Hauptstraße wurde **The Mall** angelegt, ein Verkehrsweg zu beiden Seiten des kanalisierten River Carrowbeg. Einziger Planungsfehler: Bis auf den heutigen Tag steht The Mall nach starken Regenfällen regelmäßig unter Wasser.

TOP TIPP Bedeutendste Sehenswürdigkeit ist das georgianische **Westport House** (Ende März–Okt. tgl. 11.30–17.30, Tel. 098/27766 und 098/25430, www.westporthouse.ie) nahe des Hafens im Westen der Stadt. Die Besitzerfamilie Browne ist stolz darauf, von der im 16. Jh. berühmten ›Piratenkönigin‹ Grace (Granuaile) O'Malley abzustammen. Das prächtige Haus stammt aus den 30er-Jahren des 18. Jh., der später angelegte *Park* (Öffnungszeiten wie Herrenhaus) bringt das Gebäude erst zu voller Geltung. Vor allem die Spiegelung in dem künstlichen See erzielt eine wundervolle Wirkung. Ein Teil des Parks wird als Streichelzoo genutzt.

Folgt man der R 395 von Westport aus in Richtung Louisburg, erreicht man nach knapp 10 km Fahrt entlang der Clew Bay **Murrisk**. Nah am Meer liegt dort *Murrisk Abbey*, eine Augustinerabtei aus der Mitte des 15. Jh. Zur Landseite hin aber ragt – von weither zu sehen – der 765 m hohe **Croagh Patrick** auf, ›The Reed‹, der heilige Berg Irlands. Auf seinem Gipfel soll der hl. Patrick einst 40 Tage lang gefastet und anschließend seine Handglocke ins Meer geschleudert haben. Alle Schlangen und giftiges Gewürm, das es damals noch in Irland gab, folgten ihr für immer auf den Grund des Meeres. Dass Zoologen für die Abwesenheit von Reptilien eine andere Erklärung haben, tut der Segen spendenden Wirkung einer Wallfahrt zum Croagh Patrick keinen Abbruch. Besonders viele Pilger kommen jedes Jahr am letzten Sonntag im Juli; dann machen sich Tausende schon vor Morgengrauen vom nahen Parkplatz in Murrisk an den Aufstieg.

i Praktische Hinweise

Information

Tourist Office, James Street, Westport, Tel. 098/257 11, Fax 098/267 09, westport@irelandwest.ie; im Haus befindet sich das *Westport Heritage Centre*, Tel. 098/257 11

Hotels

******Westport**, Newport Road, Westport, Tel. 098/251 22, Fax 098/267 39, www.hotelwestport.ie. Modernes Hotel mit Blick über die Clew Bay.

Ard Caoin, Mrs. M. O'Malley, The Quay, Westport, Tel. 098/254 92, malley@cbn.ie. Nette Bed & Breakfast-Pension.

Restaurant

Quay Cottage, The Harbour (nahe Westport House), Westport, Tel. 098/264 12. Auf Fischgerichte spezialisiertes Lokal mit maritimer Einrichtung.

33 Achill Island

Größte Insel vor der irischen Küste.

Achill Island ist knapp 150 km^2 groß. Vor dem Bau der Brücke, die seit 1886 die Verbindung zum Rest Irlands herstellt, wurden die Bewohner mit Schiffen von Westport aus versorgt, Vieh musste an einer seichten Stelle bei Ebbe durch das Was-

Nicht mediterrane Temperaturen, sondern lange einsame Strände sind es, die Besucher nach Achill Island im äußersten Westen Europas locken

Scharen bußfertiger Pilger erklimmen alljährlich auf steinigem Pfad den Gipfel des Croagh Patrick, auf dem einst der Nationalheilige Irlands meditiert haben soll

ser getrieben werden. Dennoch lebten damals über 7000 Menschen auf Achill Island. Inzwischen ist ihre Zahl, bedingt durch die geringen Verdienstmöglichkeiten, auf etwa 3000 geschrumpft. Das Ackerland ist knapp, die Möglichkeiten zum Fischfang sind begrenzt, Industrie gibt es nicht. Man hofft also auf Einnahmen aus dem Tourismusgewerbe. Die Voraussetzungen dazu sind gut: Achill Island hat abwechslungsreiche Küstenlandschaften, weite Strände, einige archäologische Fundstätten und eine reiche Vegetation, die sich aus sage und schreibe 420 verschiedenen Pflanzenspezies zusammensetzt.

Die Tour beginnt zwangsläufig in der Ortschaft **Achill Sound**. Kurz hinter dem Ort weist ein Schild in Richtung *Atlantic Drive*. Diese Straße führt zu den spektakulärsten Küstenabschnitten der Insel. Nicht anfahren kann man eine der höchsten Klippen Europas: Die Stelle, an der der 672 m hohe Slievemore steil in den Atlantik abfällt, ist nur vom Meer aus zu sehen.

Von **Keel** kann man zur *Keam Bay* weiterfahren oder zu der dem Land zugewandten Seite des *Slievemore* abbiegen, an dessen Hängen das ›Deserted village‹ liegt. Hier bezog früher eine ganze Gemeinde den Sommer über Quartier, weil die Viehweiden gewechselt werden mussten. Mit dem Abhandenkommen dieser Art von Wanderwirtschaft wurde auch das Dorf aufgegeben, es verfiel. Nach kurzer Strecke Richtung Dugort trifft man links der Straße auf ein Schild, das auf ein **Megalithgrab** verweist. Die Besichtigung ist mit einem kurzen Fußmarsch hügelan verbunden.

Auf dem Rückweg nach Achill Sound bietet sich direkt an der Abzweigung kurz vor Dugort ein Blick auf das Anwesen Heinrich Bölls. In dem unscheinbaren Haus, in dem sich der 1985 verstorbene Nobelpreisträger sein Domizil eingerichtet hatte, können heute junge Künstler und Schriftsteller für eine bestimmte Zeit wohnen und arbeiten. Auf einer Tafel am Eingang wird darum gebeten, die Privatsphäre zu respektieren.

Die geschilderte Runde lässt sich in etwa 2 Std. zurücklegen. Achill Island besitzt aber auch gute Voraussetzungen für einen mehrtägigen Aufenthalt, Wanderer, Golfer, Angler, Surfer und sogar Drachenflieger kommen hier auf ihre Kosten. Ideales Ziel für Bootsausflüge sind z. B. die Robbenfelsen nördlich von Dugort.

i Praktische Hinweise

Hotel

Lavelle's Seaside House, Dooega, Achill Island, Tel. 098/45116, www.lavellesseasidehouse.com. Komfortables kleines Guesthouse mit Bar Lounge nahe eines Blue Flag Strandes.

Der Nordwesten – Wind, Torf und Lachse

Wenn die Iren vom Nordwesten ihrer Insel sprechen, meinen sie damit vor allem die Grafschaft Donegal mit ihren kargen Gebirgszügen und den nördlichen Teil Sligos. Ist dagegen die Rede von den weiter westlich gelegenen Gegenden der Counties Mayo und Galway, so sprechen sie von *The far west*, dem fernen Westen. Diese Bezeichnung sagt einiges über die Abgeschiedenheit des Landstrichs aus. Zwar ist er heute noch der am dünnsten besiedelte und wirtschaftlich rückständigste Teil Irlands, aber der Wirtschaftsaufschwung der vergangenen Jahre hat auch vor dem ›Far west‹ nicht Halt gemacht.

›Northwest‹ und ›Far west‹ haben landschaftlich vieles gemeinsam. Ihre ausgedehnten Moore, die rauen Küsten und die ständig wechselnden Wolkenformationen zeitigen unvergleichliche Stimmungen. Hinzu kommt das überaus reiche historische Erbe mit Dutzenden von archäologisch bedeutsamen Stätten. Von der Steinzeit bis ins späte Mittelalter haben hier **blühende Kulturen** existiert. Einige Gegenden waren vor 5000 Jahren dichter bevölkert als noch vor 20 Jahren und wurden damals bewirtschaftet, während danach wieder die Natur von ihnen Besitz ergriffen hat.

Die archäologische Forschung hat inzwischen eine neue Wertschätzung der Altertümer mit sich gebracht. Aber auch auf die jüngere Vergangenheit findet eine Rückbesinnung statt, die in der Einrichtung von *Heimatmuseen* und *historischen Parks* ihren Ausdruck findet. Dies kommt nicht zuletzt dem Tourismus entgegen, der zu einem wichtigen Wirtschaftsfaktor geworden ist. Neben Sehenswürdigkeiten besitzt die Region zudem einen hohen Freizeitwert: Der Nordwesten Irlands hat Angel- und Reitsportmöglichkeiten, Wanderwege, Sandstrände und vieles andere mehr zu bieten.

34 Céide Fields

Archäologisches Gelände mit den ältesten Landumfriedungen der Welt.

Die Ausgrabungen auf dem 1500 ha großen, 1993 eröffneten Gelände der Céide (gespr.: kej dschi) Fields haben gezeigt, dass hier vor mehr als 5000 Jahren eine hoch entwickelte Kultur existierte, die auf Ackerbau und Viehzucht fußte. Es scheint, als hätte dieselbe Klimaveränderung, die die Menschen dann zur Abwanderung zwang, die Entstehung der Torfmoore herbeigeführt, die ihre Hinterlassenschaft nun bedecken. Die kleinere Ausgrabung in **Belderrig** förderte Reste eines Gehöfts zutage, das bis in die Bronzezeit hinein bewirtschaftet wurde.

Besichtigung Von Westen kommend gelangt man zuerst nach Belderrig. Ein Schild weist nach links, zur Ausgrabung. Wenn man am einzigen Pub des Ortes vorbeikommt, hat man die Abzweigung bereits passiert. Nicht zu übersehen dagegen ist die Pyramide des *Céide Fields Visitor Centre* (Mitte März–Mai und Okt./Nov. tgl. 10–17, Juni–Sept. bis 18 Uhr, Voranmeldung Tel. 096/43325, Fax 096/43261) ca. 5 km weiter östlich an der Küstenstraße. Bemerkenswerteste Funde von Céide Fields waren die kilometerlangen, mächtigen Steinmauern, die die Rinder- und Schafweiden begrenzten. Die Rundgänge auf dem Gelände werden von kenntnisreichen Führern geleitet, wetterfeste Kleidung und stabiles Schuhwerk sind zu empfehlen.

Das Ceide Fields Visitor Centre informiert sowohl über neolithische Kultur als auch über die Entstehung von Mooren

Eine Aussichtsplattform auf der anderen, dem Meer zugewandten Straßenseite, gewährt einen hervorragenden Blick auf die **Céide Cliffs**, eine steile Klippe, an der Tausende von Vögeln nisten.

Praktische Hinweise

Unterkünfte

Shanaghy, Ballycastle, Tel. 096/433 05, tighe@oceanfree. net. Abgelegenes Ferienhaus am Meer, für Selbstversorger.

Zeuge einer Klimaveränderung: Vom Torf konservierter Kiefernstamm

Silver Sycamore, Mary Ludden-Bryce, Ballycastle, Tel. 096/433 59, pjclarke.expert@esatclear.ie. Drei günstige Gästezimmer in einem modernen Bungalow, unweit der Céide Fields.

35 Downpatrick Head

Eindrucksvolle Felsformation an der Steilküste.

Schon von weitem ist die Landzunge zu sehen, die nach Norden hin ansteigt, um dann jäh ins Meer hinein abzufallen. Ihr vorgelagert ist **Dun Briste**, ein hoher, allein stehender Felsen. Einer örtlichen Legende zufolge hatte der hl. Patrick einst Streit mit dem Teufel . Er lockte ihn auf die äußerste Spitze der Landzunge und trennte diese dann vom Festland ab. Der Teufel sitzt seitdem auf der Felsnadel gefangen und kann den Iren kein Unheil antun. Wahr an dieser Legende ist, dass Dun Briste bis ins Mittelalter hinein mit dem Land verbunden war.

Die Zufahrt auf die Landzunge endet an einem Parkplatz. Der Spaziergang vor zur Spitze des **Downpatrick Head** führt vorbei an einem der Kunstwerke des *North Mayo Sculpture Trail*, einer Statue des hl. Patrick und zwei umzäunten ›Blowholes‹, Löchern, in deren Tiefe das Meer tost. Bei den Inseln im Westen handelt es sich um die *Stags of Broad Heaven*. Vorsicht ist am Klippenrand angebracht, besonders bei starkem Wind!

Ein Fels in der Brandung: Noch im Mittelalter war Dun Briste mit der Landzunge, der es vorgelagert ist, verbunden

36 Killala

Freundlicher kleiner Hafen an der Killala Bay.

Abgesehen von seiner Lage an der gleichnamigen Bucht und seiner Attraktivität für Angler zeichnet sich Killala durch die Vielzahl von Monumenten aus unterschiedlichen Zeiten aus, die in seiner Umgebung verstreut liegen. Es wird behauptet, der hl. Patrick selbst habe Killala gegründet. Der Rundturm, der den Ort überragt, legt Zeugnis davon ab, dass es sich um eine frühe klösterliche Siedlung handelt. Die älteste Kirche soll an der Stelle der jetzigen anglikanischen Kathedrale gestanden haben.

Geschichte machte Killala 1798, als General Humbert mit 1000 französischen Soldaten in seiner Nähe landete, um den Aufstand der United Irishmen zu unterstützen. Nach anfänglichen Erfolgen scheiterte die Kampagne jedoch.

Kurz hinter der Ortsausfahrt in Richtung Ballina zweigt links eine beschilderte Straße zur **Moyne Abbey** ab. Die 1460 gegründete Franziskanerabtei wurde im 16. Jh. vom englischen Gouverneur von Connaught niedergebrannt. – Bei feuchtem Wetter empfehlen sich für den Besuch des Klosters Gummistiefel.

Nördlich von Killala liegt direkt an einem Nebenarm der Bucht **Rathfran Abbey**, ein 1274 gegründetes Dominikanerkloster, das 1590 ebenfalls einem Brand zum Opfer fiel. Der Weg zu der Ruine führt über kleine Straßen und vorbei an mehreren **Megalithgräbern** und

Die Killala-Bay besticht durch Einsamkeit und landschaftlichen Reiz

Steinsetzungen. Teils weisen Tafeln auf sie hin, teils sind sie schwer auszumachen und nur durch kurze Fußmärsche zu erreichen. Besucher mit entsprechendem Interesse können sich mit einer genauen Karte oder den einschlägigen Publikationen des Tourismusbüros in Killala entdeckerisch betätigen.

i Praktische Hinweise

Information

Tourist Office, Community Centre, Killala, Tel. 096/32166, Fax 096/32484, kkcc@eircom.net

Hotel

Avondale House, Mrs. Maria Bilbow, Pier Road, Killala, Tel. 096/32229, bilbow@eircom.net. Preiswertes, familiäres Bed & Breakfast in hübscher Lage an der Bucht.

Restaurant

The Courthouse Restaurant/Golden Acres Pub, Upper Market Street, Killala, Tel. 096/32183. Irische Küche vom Feinsten.

Stolzer Fang – für Lachs-Angler offenbart sich der River Moy in Ballina als wahres Paradies

37 Ballina

Zentrum der Moy Valley Region und Tummelplatz von Anglern.

Berühmt ist Ballina vor allem für seine Lachsgewässer und das alljährlich stattfindende *Ballina Street & Arts Festival* [s. S. 130]. Eine große historische Rolle spielte die kleine Stadt an der Mündung des Moy River allerdings zu keiner Zeit. In den letzten Jahrzehnten aber haben ihr der Zuzug ausländischer Unternehmen und der Tourismus ein starkes Wachstum beschert.

Mitten in der Stadt gibt es zwei Brücken über den Fluss, von denen aus Lachs geangelt werden kann, am bekanntesten hierfür ist der **Ridge Pool**. Auch im Umland, vor allem am *Lough Conn*, besteht ein breites Angebot an Angelsport- und anderen Freizeitmöglichkeiten.

In der Nähe des Bahnhofs, dank eines Hinweisschildes leicht zu finden, liegt der **Dolmen of the Four Moals**, in dem der Legende nach im Mittelalter vier Brüder beigesetzt wurden.

Skulpturenschmuck an der Rosserk Friary bei Ballina

Etwas außerhalb, abseits der alten Straße nach Killala, versteckt sich direkt am Ufer des River Moy **Rosserk Friary**, eine Franziskanerabtei, die das Schicksal von Moyne Abbey [Nr. 36] teilte. Sie entstand etwa zur gleichen Zeit und wurde ebenfalls auf Befehl von Gouverneur Bingham in Brand gesetzt – ihr Erhaltungszustand ist dennoch bemerkenswert gut.

i Praktische Hinweise

Information

Tourist Office, Cathedral Road, Ballina, Tel./Fax 096/708 48

Hotels

***__Downhill__, Ballina, Tel. 096/210 33, Fax 096/213 38, www.downhillhotel.ie. Hotel etwas außerhalb des Zentrums in ruhiger Lage mit Swimmingpool, Squashanlage und Sauna. Nur wenige Minuten Fußweg zum Lachsangelplatz.

Sycamore View, Cathedral Close, Ballina, Tel. 096/214 95, sycamoreviewbandb@yahoo.co.uk. Familiäre Atmosphäre in Zentrumsnähe.

Restaurant

The Bard, Garden Street, Ballina, Tel. 096/218 94. Gut geführtes irisches Restaurant mit angenehmem Ambiente.

38 Carrowmore

TOP TIPP *Größter steinzeitlicher ›Friedhof‹ Irlands.*

Es gibt wenige Gegenden auf der Welt, in denen Gräber, Steinkreise und andere steinzeitliche Megalithbauten in einer solchen Dichte vorkommen wie im Nordwesten Irlands – und hier wiederum ganz besonders in dem Bereich um den Berg *Knocknarea*. Auf seinem Gipfel ist schon aus der Ferne ein künstlicher Hügel zu sehen. Von ihm heißt es, dass er das Grab der Königin Maeve aus dem irischen Nationalepos ›Táin Bó Cúailnge‹ (›Der Rinderraub von Cooley‹) bedecke. Dementsprechend werden die zahlreichen Grabbauten unterhalb des Berges den Recken der Königin zugeordnet. Tatsächlich gehen die ältesten Gräber dieses **Carrowmore Megalithic Cemetery** auf das 4. Jahrtausend v. Chr. zurück; das Königin Maeve zugeschriebene dürfte ca. 4500 Jahre alt sein. Falls der in dem Epos geschilderte Kampf zwischen den Königen von Ulster und Connaught einen historischen Hintergrund haben sollte, wäre dieser in den Auseinandersetzungen zwischen der vorkeltischen Bevölkerung und den gälischen Einwanderern zu sehen und ins 1. Jh. v. Chr. zu datieren.

Durch das *Carrowmore Visitor Centre* (Mitte März–Okt. tgl. 10–18 Uhr, Führungen auf Wunsch, die Gräber können auch außerhalb dieser Zeiten besichtigt werden, Tel. 071/916 15 34) gelangt man auf das Gelände mit dem größeren Teil der Megalithbauten. Weitere befinden sich auf der Straßenseite gegenüber, manche können nur von weitem, über die Zäune von Privatgrundstücken hinweg betrachtet werden; Schilder untersagen den Zutritt. Wieder andere sind längst dem Straßenbau oder dem Steinraub zum Opfer gefallen. Erstaunlich ist die Vielfalt der Grabtypen. Hügel- und Ganggräber, Menhire und Steinkreise liegen auf engstem Raum nebeneinander.

39 Sligo

Größte Stadt im Nordwesten Irlands und Hauptstadt des gleichnamigen Counties.

Sligos bei weitem berühmtester Sohn ist Dichter, Schriftsteller und Nobelpreisträger *William Butler Yeats* (1865–1939), der hier aufwuchs und hier begraben liegt. Die Stadt ist sehr viel mehr Wirtschafts- und Verwaltungs- als Tourismuszentrum.

Sligo (irisch: *Sligeach* = Muschelfluss) verdankt seine Entstehung der Lage an einer Furt über den Garavogue. Der strategisch wichtige Übergang war stets umkämpft, Mitte des 13. Jh. wurde er von den Normannen mit einer Verteidigungsanlage versehen. Bald darauf folgte die Gründung eines Klosters. Sligo gewann an Bedeutung, wurde jedoch im 17. Jh. von den Engländern zerstört. Heute besitzt die Stadt kaum mehr historische Bauten.

Die Ruine von **Sligo Abbey** in der Abbey Street ist das einzige Bauwerk, das sich aus dem Mittelalter in unsere Zeit herübergerettet hat. Das um 1250 von *Maurice Fitzgerald* gestiftete Kloster brannte im 15. Jh. und nochmals im 17. Jh. aus. Die beiden sehenswertesten erhaltenen Teile sind der *Kreuzgang* aus dem späten 15. Jh. und das *Grabmal der O'Creans*, das zwar erst 1506 angefertigt wurde, dessen

Ben Bulben: Am Fuße dieses Tafelberges wurde William Butler Yeats seinem Wunsch entsprechend zur letzten Ruhe gebettet

Menschendarstellungen aber eher frühirischen Charakter haben.

Das **Sligo County Museum and Niland Gallery** (Di–Sa 14–16 Uhr) in der *Stephen Street* widmet sich in erster Linie *William Butler Yeats*, besitzt aber auch Gemälde von dessen Bruder *Jack B. Yeats*. Außerdem werden archäologische Funde aus der Umgebung gezeigt. Im **Yeats Memorial Building** an der Ecke *O'Connell Street/Douglas Hyde Bridge* veranstaltet jedes Jahr im August die ›Yeats International Summer School‹ Rezitationen, Seminare und Vorträge zum Werk des Dichters.

Den besten Badestrand der Gegend findet man nördlich von Sligo bei **Rosses Point**. Gegenüber der schmalen Landzunge liegt am Fuße des sehr ebenmäßigen Tafelberges *Ben Bulben* der Ort **Drumcliff**. Hier wurde William Butler Yeats seinem Wunsch gemäß bestattet. Er war 1939 in Südfrankreich gestorben und 1948 hierher überführt worden. Das Grab ist leicht zu finden: Bei dem nurmehr fragmentarisch erhaltenen *Rundturm* auf der linken Straßenseite biegt man nach rechts auf den Parkplatz ab, der sich direkt an den Friedhof anschließt. Dort ist eine einfache Kirche zu sehen, von der die schlichte letzte Ruhestätte des Dichters kaum mehr als zehn Schritte entfernt ist. Auf seinem Grabstein stehen die von ihm selbst verfassten Worte: *»Cast a cold Eye / on Life, on Death / Horseman, pass by.«* (»Wirf einen kalten Blick/auf das Leben, auf den Tod/und dann, Reiter, zieh weiter.«)

Am Rand des Friedhofs, der einst zum Gelände eines vom hl. Columba d. Ä. gegründeten Klosters gehörte, erhebt sich ein *Hochkreuz* aus dem frühen 11. Jh. Der Ring ist im Vergleich zu denjenigen älterer Kreuze kleiner, die Arme sind kürzer. Am besten erhalten ist die Ostseite, auf der (von oben nach unten betrachtet) ein glorifizierter Christus, Adam und Eva sowie Kain und Abel zu erkennen sind.

i Praktische Hinweise

Information

Tourist Office, Aras Reddan, Temple Street, Sligo, Tel. 071/916 12 01, www.irelandnorthwest.ie

Hotels

*****Sligo Southern Hotel & Leisure Centre**, Strandhill Road, Sligo, Tel. 071/916 21 01, Fax 071/916 03 28, www.sligosouthernhotel.com. 99 Zimmer im Zentrum der Stadt; mit Pool und Sauna.

Castletown House, Mrs. M. Rooney, Drumcliff, Tel. 071/916 32 04, castletown_house@yahoo.ie. B & B am Fuß des Ben Bulben, nicht weit von Yeats Grab.

40 Creevykeel

Großes steinzeitliches Ganggrab.

Der ›Creevykeel Court Cairn‹, wie die Anlage in englischsprachigen Veröffentlichungen genannt wird, bezeichnet einen enormen keilförmigen **Steinhaufen**, der einen ovalen Innenhof umschließt. Ein Zugang auf der Schmalseite des Hügels führt in den Hof und durch ein dolmenähnliches Portal in eine Kammer, von der ein weiteres Portal in einen dritten Raum überleitet. Die Wände von Hof und Kammern bestehen aus Orthostaten, großen, aufrecht stehenden Steinplatten. Ob das Bauwerk, das in der Mitte des 3. Jahrtausends v. Chr. angelegt und verschiedentlich erweitert worden sein dürfte, wirklich in erster Linie eine Grabstätte war, ist fraglich. Im Mittelalter jedenfalls benutzte es ein Schmied als *Werkstatt* – so der Befund der archäologischen Untersuchung des Jahres 1935.

41 Donegal

Idealer Ausgangspunkt für Ausflüge in die nördlicheren Regionen.

Donegal hat ca. 4000 Einwohner und ist Zentrum der Tweed-Industrie. Allsommerlich aber erlebt die liebenswürdige Marktstadt am Eingang der Donegal Bay einen starken Touristenandrang.

Geschichte Ihr irischer Name *Dún na nGall* bedeutet ›Fort der Fremden‹ – womit ein wikingisches Fort des 9. Jh. gemeint war. Als Familiensitz des mächtigen O'Donnell-Clans gelangte der Ort zu Bedeutung. Nachdem die O'Donnells im 17. Jh. aus Irland geflohen waren, ging das Land dann an die Engländer über.

Besichtigung Geschäftiges Zentrum von Donegal ist der dreieckige Hauptplatz **The Diamond**. In seiner Mitte steht, zu Ehren der ›Vier Meister‹ ein *Obelisk*. Diese franziskanischen Mönche von **Donegal Abbey** müssen zu den frühesten irischen Historikern gerechnet werden. In den ›Annals of the Four Masters‹ haben sie alles aufgezeichnet, was ihnen über die keltische Geschichte bekannt war. Von dem Kloster, nur einen kurzen Fußweg vom Diamond entfernt, ist nicht mehr sehr viel übrig. Es war 1474 von Red Hugh O'Donnell und dessen Frau gestiftet worden und flog 1601 in die Luft. Im Laufe der Auseinandersetzungen zwischen verschiedenen Mitgliedern der Familie O'Donnell – einer war zu den Engländern übergelaufen – war das Pulvermagazin in Brand geraten. Einige Mönche, darunter die ›Four Masters‹, harrten zwar noch bis 1608 aus, mussten Donegal aber schließlich auch verlassen. Die Abteiruine liegt höchst malerisch inmitten eines Friedhofs an der Mündung des *River Eske* in die Donegal Bay.

Ebenfalls nahe am Diamond, aber nördlich davon, steht **Donegal Castle** (Mitte März–Okt. tgl. 10–18 Uhr), der im 15. Jh. erbaute Sitz der O'Donnells. Deren letzter Spross Hugh Roe O'Donnell soll es vor seiner Flucht vor den Engländern in Brand gesetzt haben, um es nicht in die Hände der Feinde fallen zu lassen. Vergebens, wie sich zeigte, denn der nächste Eigentümer war der Brite Sir Basil Brooke. Er ließ das Gebäude im jakobäischen Stil restaurieren und erweitern. Mittlerweile

Das Ganggrab von Creevykeel gehört zu den eindrucksvollsten vorgeschichtlichen Denkmälern im Nordwesten Irlands

Das ständig wechselnde Licht und die dramatischen Wolkenstimmungen an der Küste vor Glencolumbkille sind ein unvergessliches Erlebnis

kann die vollständig eingerichtete Burg besichtigt werden, neben altem Mobiliar sind besonders die zahlreichen persischen Teppiche sehenswert.

Ein besonderes Erlebnis ist ein Bootsausflug mit dem **Donegal Bay Waterbus** (Donegal Pier, Tel. 074/972 36 66, Abfahrt je nach Gezeiten und Wetter). Während der gut einstündigen Tour sehen die Passagiere Seehunde und zahlreiche Vogelarten und erfahren auch viel über die Geschichte Donegals.

i Praktische Hinweise

Information

Tourist Office, The Quay, Donegal Town, Tel. 074/972 11 48, Fax 074/972 27 62

Hotels

*****Bay View Hotel**, Main Street, Killybegs, Tel. 074/973 19 50, Fax 074/973 18 56, www. bayviewhotel.ie. Neueres Hotel an der Donegal Bucht, guter Ausgangspunkt für Bootsausflüge (Tiefseeangeln und Süßwasserfischen) und Touren.

*****Mill Park Hotel**, The Mullins, Killybegs Road, Donegal Town, Tel. 074/972 28 80, Fax 074/972 26 40, www.millparkhotel.com. Komfortables Hotel am Ortsrand mit Leisure Centre und Wellness Centre.

Drumcorroy House, Druminin, Barnesmore (7 km außerhalb Donegal Town), Tel. 074/972 23 35, www.drumcorroyhouse.com. Farmhouse B&B mit schönem Blick auf die Blue Stack Mountains.

42 Glencolumbkille

Dorf zwischen Küste und Bergen.

Der *hl. Columba* (Columcille, 521–597), dem viele Wunder nachgesagt werden, zog sich mit einigen Anhängern hierher in die Einsamkeit zurück. Die Reste eines von ihm erbauten Gebetshauses, eine Quelle und ein paar alte Steinkreuze werden heute noch verehrt. Bei der Ortseinfahrt passiert man die **Kreuzwegstationen**, an denen jedes Jahr am 9. Juni, dem Festtag des hl. Columba, gebetet wird.

In den 1950er-Jahren betrug die Auswanderungsquote in dieser Gegend 75 %. Pfarrer *James McDyer* trat der Misere entgegen, indem er u. a. Kooperativen an- TOP TIPP regte und den Tourismus ankurbelte. Er gründete auch das **Folk Village Museum & Heritage Centre** (Ostern–Sept. Mo–Sa 10–18, So 12–18 Uhr, Tel. 074/973 00 17, www.glenfolkvillage.com). Die hier aufgebauten Bauernhäuser vermitteln ein anschauliches Bild vom hiesigen Leben auf dem Lande im 19. Jh. Bei gutem Wetter ist eine Wanderung auf den **Glen Head**, der an der Nordseite des Dorfes aufragt, ein großartiges Erlebnis.

i Praktische Hinweise

Hotel

Óstán Gleann Cholm Cille Hotel, Malinmore, Glencolumbkille, Tel. 074/973 00 03, Fax 074/973 02 22, www.glenhotel.com. Angenehmes Hotel in Familienbesitz.

Nordirland – Burgruinen, Basaltgestein und Belfast

Wenn von den sechs irischen Grafschaften die Rede ist, die zum Vereinigten Königreich von Großbritannien gehören, spricht man meist von Nordirland oder von Ulster. Genau genommen ist weder das eine noch das andere wirklich korrekt. Einerseits gehört die nördlichste Spitze der Insel zur Republik, andererseits hat Ulster neun Counties: Antrim, Down, Armagh, Derry, Fermanagh und Tyrone, die von London aus regiert werden, und Cavan, Donegal und Monaghan, die der Amtsgewalt Dublins unterstehen.

Wer von der Republik aus über die **Grenze** fährt, braucht mit keinerlei Kontrollen zu rechnen. Gefahren, die aus den Feindseligkeiten zwischen den zwei Bevölkerungsgruppen resultieren, drohen Touristen nicht. Es empfiehlt sich jedoch aller Bemühungen um Frieden zum Trotz, an bestimmten Tagen – etwa am 17. März, dem *St. Patrick's Day*, den die Katholiken feiern, oder am 12. Juli, an dem die Protestanten den Sieg Williams III. von Oranien über James II. begehen, – Gegenden zu meiden, in denen Demonstrationen stattfinden.

Das Bild, das sich dem Reisenden nach dem Passieren der Grenze bietet, unterscheidet sich kaum vom bisherigen. Die Briefkästen sind nun nicht mehr grün, sondern rot, die **Landschaft** wirkt dort, wo sie von Menschen gestaltet ist, manchmal gezähmter, englischer. Ansonsten: sanfte Hügel, Felder, Hecken, Steinmauern. In Nordirland wiederholt sich ein topographisches Bild, das für Irland typisch ist: Wie bei einer Schüssel liegt der tiefste Punkt in der Mitte. Die Niederung ist hier vom Lough Neagh bedeckt, rund um das zentrale Tiefland erheben sich **Berg-** und **Hügelketten**, in seinem Südwesten schließt sich das **Seengebiet** von Fermanagh an.

43 Londonderry (Derry)

Zweitgrößte Stadt Nordirlands mit ansprechender Altstadt.

Schon die Nennung des Namens der 100 000 Einwohner zählenden Stadt ist eine politische Aussage. Für die katholischen Republikaner heißt sie Derry, für die protestantischen Royalisten heißt sie Londonderry. Urlauber, die ihren Gesprächspartner nicht einschätzen können, machen am besten durch ihren Akzent deutlich, dass sie Außenstehende sind.

Geschichte Als der hl. Columba im 6. Jh. vor der Pest aus Donegal hierher floh, gründete er in einem Eichenwald (irisch: *Doire*) ein Kloster. Die Mönchssiedlung, aus der sich Derry entwickelte, lag an einer strategisch günstigen Stelle auf einem Hügel, von dem aus sich die Einfahrt in den *River Foyle* überblicken ließ. Der Ort wurde daher immer wieder angegriffen, belagert und zerstört. Nach der ›Flucht der Grafen‹ 1607 fielen riesige Landstriche an die englische Krone. König James I. übergab die Stadt Londoner Handelskompanien, die sie in *Londonderry* umbenannten, mit Protestanten besiedelten und mit einer mächtigen Stadtmauer umgaben – der letzten Europas. Im 17. Jh. belagerten dreimal die Katholiken die Stadt. 1689 war sie kurz vor dem Fall, doch 13 Lehrjungen zogen die Schlüssel der Tore ab und verhinderten so eine Übergabe. Am 12. August kam, nach 105 Tagen, englischer Entsatz. Noch

Die Guildhall vor den Stadtmauern Londonderrys: Ihre Architektur **(oben)** *sowie die wertvollen Buntglasfenster* **(unten)** *machen sie zu einem Schmuckstück der Stadt*

heute feiern die Protestanten diesen Tag als *Apprentice Boys Day*.

Im 19. Jh. wuchs Londonderry zum Zentrum der Textilindustrie heran. Es bildeten sich Viertel wie *Creggan* und *Bogside*, in denen, mehr schlecht als recht, die katholische Arbeiterschaft lebte. Durch die Teilung der Insel im Jahr 1920 verlor die Stadt ihr Hinterland. Der folgende wirtschaftliche Niedergang traf wiederum die Katholiken am härtesten. In den Auseinandersetzungen der 60er-Jahre des 20. Jh. gingen die Spannungen zwischen den beiden Bevölkerungsteilen so weit, dass die Bewohner der Bogside 1969 Barrikaden um ihr Viertel errichteten und es zum ›Freien Derry‹ erklärten. Mit dem *Bloody Sunday* des Jahres 1972 erlebte die Stadt einen Unglückstag, der schwere Folgen haben sollte [s. S. 116].

Besichtigung Aus der Ferne sieht Londonderry vielversprechend aus. Doch seine Sehenswürdigkeiten beschränken sich fast ganz auf den alten, von der Mauer umgebenen Teil der Stadt. Folgt man der Beschilderung zum Zentrum, so gelangt

man zur Guildhall. Es ist ratsam, das Auto dort auf dem bewachten Parkplatz stehen zu lassen und die weitere Besichtigung zu Fuß vorzunehmen.

Die **Guildhall** (Mo–Fr 10–17 Uhr, Tel. 028/71377335), das Innungshaus, steht außerhalb der Stadtmauer. Es wurde 1890 errichtet, nach einem Brand im Jahre 1908 neu aufgebaut und dient heute als Rathaus. Freundliches Personal weist Touristen darauf hin, welche der mit Holzvertäfelungen, Schnitzereien, Buntglasfenstern und Wandbehängen ausgestatteten Säle sie betreten können.

Durch das nahe **Shipquay Gate** betritt man die Altstadt. Gleich rechts dieses Tores ist in dem alten O'Doherty-Wachtturm das vorzügliche **Tower Museum** (Di–Sa 10–17, Juli–Sept. zusätzl. Mo 10–17, Juli/Aug. auch So 11–15 Uhr, Tel. 028/71372411) untergebracht, das Exponate zur Geschichte Derrys präsentiert.

Der Nordirland-Konflikt

Um einen Religionskrieg hat es sich bei den Auseinandersetzungen zwischen Katholiken und Protestanten nie gehandelt – auch wenn Agitatoren wie Pastor **Ian Paisley** (* 1926) bei englandtreuen Nordiren immer wieder Ängste vor dem Leben unter der Fuchtel des Papstes schüren. Um die **Ursachen** des Konfliktes zu verstehen, muss man die Ereignisse im frühen 17. Jh. betrachten. Damals siedelte König James I. Tausende von protestantischen Engländern und Schotten in Ulster an. Je heftiger sich die Katholiken in der Folgezeit gegen die Benachteiligung gegenüber ihren neuen Landsleuten wehrten, um so stärker wandten diese sich der Krone zu.

Mit der **Unabhängigkeit** der Republik 1949 erfolgte die Teilung Irlands. Die Grenze wurde entsprechend den Mehrheitsverhältnissen der Religionszugehörigkeit gezogen. Die im Norden lebenden Katholiken blieben eine diskriminierte **Minderheit**: Bis 1969 gehörte kein einziger von ihnen der nordirischen Regierung an. Sie organisierten Protestmärsche. Diese wurden brutal auseinandergetrieben, es kam zu **Straßenschlachten**. England schickte Soldaten, die Stimmung erhitzte sich.

Nachdem im Januar 1972 am ›Bloody Sunday‹ in Derry 13 unbewaffnete Demonstranten von der Armee erschossen worden waren, erwachte die tot geglaubte **IRA** zu neuem Leben, militante loyalistische Gruppen stellten sich ihr entgegen. 3600 Tote, 14 000 Bombenexplosionen, 34 000 Schießereien, 300 000 Hausdurchsuchungen, 50 000 Verhaftungen, unzählige Verletzte, Verkrüppelte und seelisch Geschädigte waren das Ergebnis.

Im August 1994 zeichnete sich eine Wende ab: Nach langen Verhandlungen zwischen **Sinn Féin**, dem politischen Arm der IRA, sowie britischen und irischen Regierungsvertretern proklamierte die IRA eine Waffenruhe. Eine entsprechende Erklärung der protestantischen Milizen folgte. Britische Truppen wurden abgezogen, Sicherheitskontrollen an den Grenzen zur Republik Irland und in den Grafschaften abgebaut und Straßensperren demontiert. Spätestens mit dem **Karfreitagsabkommen** 1998 schien der entscheidende Schritt zu einem dauerhaften Frieden getan. Dessen Kernpunkt war neben der IRA-Entwaffnung die Schaffung eines nordirischen **Parlaments** in Stormont bei Belfast, in dem sich Protestanten und Katholiken die Macht teilen sollten. Die Architekten des Friedensprozesses waren der Vorsitzende der protestantischen Ulster Unionist Party **David Trimble** und **John Hume** von der katholischen Social Democratic and Labour Party, die 1998 beide den Friedensnobelpreis erhielten. Doch die Bildung einer nordirischen Regierung gestaltete sich schwierig – immer wieder wurde sie suspendiert und die Provinz von London aus verwaltet. Erst im Mai 2007 nahmen Katholiken und Protestanten gemeinsam die Arbeit in der Regionalregierung auf.

Die gut 1,5 km lange **Stadtmauer** um die Altstadt ist die am besten erhaltene in ganz Irland. Vier Straßen führen von den ursprünglichen Toren – Shipquay Gate, Bishop's Gate, Ferryquay Gate und Butcher Gate – wie bei einer römischen Stadtanlage auf den Hauptplatz **The Diamond** im Zentrum. Der lange Jahre auf der Stadtmauer allgegenwärtige Stacheldraht ist abgebaut, das 1789 von *James Gandon* im Stil eines Triumphbogens erbaute **Bishop's Gate** ist wieder passierbar. Durchschreitet man es stadtauswärts, so erhält man einen Blick auf wenig anheimelnde Wohnviertel. Wieder innerhalb der Stadtmauern sieht man östlich der Bishop Street **St. Columb's Cathedral** (April–Sept. Mo–Sa 9–17, Okt.–März Mo–Sa 9–13 und 14–16 Uhr, www.stcolumbs cathedral.org), die Londoner Zünfte 1633 errichten ließen. Der Baustil – englische Neogotik – war Ausdruck ihrer engen Verbundenheit mit dem Mutterland. In der Eingangshalle ist der originale Grundstein zu sehen. Eine Attraktion für Eisenbahn-Fans ist das **Foyle Valley Railway Centre** (Di–Sa 10–13 und 14–16.30 Uhr) an der *Foyle Road Station*, nahe der Craigavon Bridge. Hier können Fahrten mit Dieselloks gebucht und das zugehörige Museum besucht werden.

Praktische Hinweise

Information

Derry Visitor & Convention Bureau, 44 Foyle Street, Londonderry, Tel. 028/71 26 72 84, www.derryvisitor.com

Flughafen

City of Derry Airport, Airport Road, Tel. 028/71 81 07 84

Einkaufen

Derry Craft Village, Shipquay Street und Magazine Street, Londonderry, Tel. 028/71 26 03 29. Läden, Werkstätten und Wohnungen in proper renoviertem Innenstadtbezirk mit dem Flair des 16.–19. Jh.

Hotels

***__White Horse Hotel__, 68 Clooney Road, Campsie, Tel. 028/71 86 06 06, Fax 028/71 86 03 71, www.whitehorsehotel.biz. Hotel am Stadtrand mit Blick über den Lough Foyle und die Donegal-Berge.

Elagh Hall, Buncrana Road, Londonderry, Tel. 028/71 26 31 16, www.elagh hall.com. Bed & Breakfast mit Bergblick.

Das Craft Village in Londonderry bietet nette Bars und Restaurants sowie Touristen ein breites Angebot an irischem Kunsthandwerk

Restaurant

Spice, 164 Spencer Road, Londonderry, Tel. 028/71 34 48 75. Gutes Restaurant mit einheimischer Küche der mittleren Preisklasse.

44 Dunluce Castle

TOP TIPP *Eindrucksvolle Burgruine auf einem steilen Felsen über dem Meer.*

Von **Portrush**, einem im Sommer vor allem von nordirischen Familien frequentierten Badeort, gelangt man auf guter

Schönste Ruine Nordirlands: Sogar auf Banknoten ist Dunluce Castle zu sehen

Straße nach Balintrae und zum **Dunluce Castle** (April–Sept. Mo–Sa 10–18, So 14–18, Okt.–März Di–Sa 10–16, So 14–16 Uhr, Tel. 028/20731938). Von der im Mittelalter praktisch uneinnehmbaren Burg aus ließ sich die Schifffahrtsroute entlang der Küste kontrollieren. Bereits Kelten, frühe Christen und Wikinger hatten die strategischen Vorteile des Ortes erkannt und den Felsen als natürliche Festung genutzt. Die ältesten Teile der jetzigen Burg stammen aus dem 14. Jh., der Hauptteil aus dem 16. Jh. Durch Eroberungen, List und Heiratspolitik wechselte sie mehrere Male die Besitzer, bis sie nach 1639 aufgegeben wurde: Während eines Sturmes war ein unterspülter Fels abgebrochen, Küche und Dienstbotengebäude waren samt Personal ins Meer gestürzt.

i Praktische Hinweise

Hotels

*****Magherabuoy House**, 41 Magherabuoy Road, Portrush, Tel. 028/70823507, Fax 028/70824687, www.magherabuoy.co.uk. Hotel auf einem Hügel nahe Dunluce Castle mit schönem Blick auf Stadt und Meer.

Harbour Heights, A. & R. Rossborough, 17 Kerr Street, Portrush, Tel. 028/70822765, Fax 028/70822558, www.harbourheigthsportrush.com. Gepflegte Bed & Breakfast-Unterkunft.

45 Giant's Causeway

TOP TIPP *Basaltsteinformation an der Küste Antrims, die oft als Irlands größtes Naturwunder bezeichnet wird.*

Für das Zustandekommen des ›Dammes des Riesen‹ gibt es mehrere Erklärungen. Diejenige, der die Formation ihren Namen verdankt, besagt, dass sich der Riese **Finn McCool** in eine Frau verliebt habe, die auf der schottischen Insel **Staffa** lebte. Um zu ihr zu gelangen, habe er den steinernen Übergang gebaut. Tatsächlich gibt es auf Staffa ebenfalls Basaltsäulen.

Die Erklärung der Geologen bzw. Mineralogen fällt weit prosaischer aus. Ihre Geschichte: Vor ca. 60 Mio. Jahren wurde dünnflüssige Lava durch Erdspalten an die Oberfläche gedrückt. Beim Abkühlen zersprang sie senkrecht zur Abkühlungsfläche – vorwiegend in sechseckige, aber auch in vier-, fünf-, sieben- und achteckige Säulen. Ähnliche Formationen gibt es an vielen Orten auf der Erde, die Anzahl, Größe und Ebenmäßigkeit der Basaltsäulen von Giant's Causeway jedoch ist einzigartig. 37000 sollen es insgesamt sein. Kilometerweit kann man an ihnen entlangwandern und immer neue Besonderheiten entdecken. Die größte, **Giant's Organ**, ist 12 m hoch.

Der Parkplatz, auf dem man ankommt, grenzt direkt an das *Visitor Centre* (tgl. 10–17, Nov.–Febr. bis 16.30 Uhr, Tel. 028/20731855, www.giantscausewaycentre.com). Das hier zu entrichtende Eintrittsgeld schließt die Besichtigung der Ausstellungsräume und eine 25-minütige **Tonbildschau** ein, ferner die ca. 1,5 km weite Fahrt mit dem Minibus zum Giant's Causeway. Dieser ist aber jederzeit – also auch außerhalb der Öffnungszeiten des Visitor Centres – zu Fuß begehbar. Die Wege an den Basaltsäulen entlang sind gut ausgebaut.

Im Besucherzentrum befinden sich auch ein Laden mit einer Auswahl an Souvenirs und Büchern sowie ein Café.

Nur wenige Kilometer von Giant's Causeway entfernt liegt die kleine Ortschaft **Bushmills**, bekannt für ihre *Old Bushmills Distillery* (April–Okt. Mo–Sa 9.30–17, So 12–17 Uhr, Nov.–März tgl. Führungen telefonisch erfragen unter Tel. 028/20733218, www.bushmills.com), die älteste *Whiskey-Destillerie* der Welt. 1608 wurde hier zum ersten Mal offiziell gebrannt, aber die Tradition reicht sehr viel weiter zurück.

i Praktische Hinweise

Hotel

*****The Causeway Hotel**, 40 Causeway Road, Bushmills, Tel. 028/20731226, Fax 028/20732552, www.giants-causeway-hotel.com. Mehr als 150 Jahre altes, modernisiertes Haus direkt am Visitor Centre des Giant's Causeway.

46 Antrim Coast Road

TOP TIPP *Eine der schönsten Küstenstraßen Irlands.*

Während das Binnenland der Grafschaft Antrim mit nur relativ wenigen landschaftlichen Reizen lockt, ist seine Küste um so spektakulärer. Obwohl Irland reich ist an Inseln, Halbinseln, Stränden und

Klippen, wird diese Straße auch jenen noch etwas Besonderes bieten, die – fast – alles gesehen haben. Eindrucksvoll sind nicht nur die Ausblicke auf die See hinaus, sondern auch die wechselnden Farben des Gesteins: Roter Granit löst weißen Kalkstein ab oder macht schwarzem Basalt Platz.

Die Antrim Coast Road beginnt in **Ballycastle**, wo Ende August die *Ould Lammas Fair* stattfindet, die älteste alljährlich wiederkehrende Kirmes Irlands; auch der angegliederte Pferdemarkt ist sehenswert. Vom Hafen des Ortes aus bestehen Bootsverbindungen nach *Rathlin Island*, einer 8 km vor der Küste gelegenen Insel, die aufgrund großer Seevogelkolonien besonders Ornithologen und Botaniker anzieht.

Das erste Stück Küstenstraße ist die an der *Murlough Bay* entlang verlaufende *Cushendun Scenic Route*. Dort gibt es mehrere Aussichtspunkte, an denen man, insbesondere bei gutem Wetter, auf keinen Fall vorüberfahren sollte. Unter anderem vom **Fair Head** aus eröffnet sich eine wundervolle Fernsicht bis zum schottischen Mull of Kintyre.

Rechts der Straße fallen immer wieder kleine Täler auf, die sich südwestlich ins Landesinnere ziehen. Sie waren früher schwer zugänglich und deshalb Rückzugsgebiete von Katholiken, die ihr Land an protestantische Siedler verloren hatten. Von der Hungersnot um 1845 waren sie besonders hart betroffen. Um ihnen Arbeit zu geben und wenigstens zu einem kleinen Einkommen zu verhelfen, nahm die Regierung den Bau der Küstenstraße in Angriff. Für einen Abstecher empfiehlt sich das wild-romantische Tal von **Glenariff**, das der Dichter *William Thackeray* als eine Miniaturausgabe der Schweiz beschrieb. Man biegt in Cushendall an der *Red Bay* nach rechts auf die B 14 in Richtung Ballymena ab und gelangt so zum **Glenariff Forest Park**. Am Visitor Centre des 800 ha großen Areals beginnt ein Wanderweg, auf dem man in einer halben Stunde zu einem herrlichen *Wasserfall* marschieren kann. Auf der A 43 kehrt man zurück zur Küstenstraße.

Über **Glenarm**, ein Dorf mit einem Schloss aus dem 17. Jh., das heute noch von der Familie *McDonal*, Lords von Antrim, bewohnt wird, erreicht man schließlich **Larne**. An Sehenswürdigkeiten besitzt der Ort lediglich die Ruine von *Olderfleet Castle*, einem Verteidigungsturm aus dem 13. Jh., und den Nachbau eines Rundturms. Außerdem ist Larne der Hafen mit der kürzesten Verbindung zwischen Irland und Schottland. Die Möglichkeit, von hier bis Belfast weiterhin an der Küste entlangzufahren, besteht zwar, landschaftliche Höhepunkte dürfen jedoch nicht mehr erwartet werden.

Tausende von Basaltsäulen – alljährlich von Abertausenden bewundert: Der Giant's Causeway ist eine herausragende Attraktion im Norden Irlands

i Praktische Hinweise

Restaurant

TOP TIPP **McCollam's**, 23 Mill Street, Cushendall, Tel. 028/21 77 19 92, www.mccollamsbar.com. Gemütliches Pub mit uriger Einrichtung und Livemusik. Mit Restaurant im Stockwerk darüber.

47 Belfast

Plan Seite 126

Von den ›Troubles‹ genesene nordirische Hauptstadt.

Das Inkrafttreten des Waffenstillstands vom August 1994 brachte für Belfast einen grundlegenden Wandel. Das Militär verschwand aus dem Straßenbild, Optimismus breitete sich aus, auch wenn die Friedensverhandlungen ins Stocken gerieten. Insbesondere dann, wenn die verschiedenen religiösen Gruppen ihre traditionellen Paraden abhalten, kommt es in den Vierteln um die katholische *Falls Road* und die protestantische *Shankill Road* auch gegenwärtig immer wieder zu Spannungen. Im Großen und Ganzen aber zeigt Belfast dem Besucher ein freundliches Gesicht. Sogar die beiden erwähnten Straßenzüge sind – vor allem wegen der vielen propagandistischen Wandmalereien – zu einer Attraktion geworden.

Verspieltheit, Eleganz oder Zuckerbäckerstil? Über das Grand Opera House in Belfast gehen die Geschmacksurteile auseinander

Geschichte Innerhalb des Stadtgebietes von Belfast gibt es zahlreiche Spuren stein-, bronze- und eisenzeitlicher Besiedlung. Im 12. Jh. erbauten die Normannen am River Lagan die Burg *Beál Feirste*, die der jetzigen Stadt den Namen gab, aber ansonsten nicht zu großer Bedeutung gelangte. Der Ort, der sich in ihrem Schutz entwickelte, wuchs zwar mit der Ansiedlung von protestantischen Engländern und Schotten im Jahr 1607, doch einen wirklichen Boom erlebte Belfast erst gegen Ende des Jahrhunderts. Hugenotten, die aus Frankreich geflohen waren, wurden hier sesshaft und brachten neue Methoden der Leinenverarbeitung mit. Große Werftanlagen entstanden, Belfast wurde zum Industriezentrum, die Bevölkerungszahlen stiegen sprunghaft an. Die Erhebung zur Stadt im Jahre 1888 durch Königin Victoria brachte die Errichtung prächtiger Gebäude – aber zugleich auch Slumviertel, in denen die Arbeiter, streng nach Konfessionen getrennt, unter menschenunwürdigen Bedingungen leben mussten.

1920 wurde Belfast zur Hauptstadt Nordirlands. Die Arbeitsplätze, die durch Flugzeug-, Maschinen- und Schiffbau, durch Leinen- und Lebensmittelindustrie und im Transportgewerbe geschaffen wurden, zogen Tausende von Menschen an. Als aber in den 70er-Jahren des 20. Jh. bürgerkriegsähnliche Auseinandersetzungen zwischen Katholiken und Protestanten Belfast erschütterten und Geschäfte, Pubs und öffentliche Gebäude zum Ziel von Bombenanschlägen wur-

Prunkvollstes Gebäude, Wahrzeichen und Orientierungspunkt: Die imposante City Hall am Donegall Square überragt die Innenstadt Belfasts

den, sank die Einwohnerzahl um ein Viertel auf unter 300 000. Nicht etwa im Interesse der Stadtverschönerung, sondern aus Sicherheitsgründen wurden Teile der Innenstadt damals zur Fußgängerzone erklärt.

Besichtigung Idealer Ausgangspunkt für einen Rundgang durch Belfast ist der zentral gelegene *Donegall Square*, der von der **City Hall** 1 (Besichtigungen nur im Rahmen von Führungen, Mo–Fr 11, 14 und 15, Sa 14 und 15 Uhr; keine Führungen an Feiertagen) beherrscht wird. Sie ist das Wahrzeichen der Stadt und spiegelt den Aufschwung, den Belfast um 1900 erlebte, am deutlichsten wider. Mit seiner neoklassizistischen Front und der 53 m hohen Kupferkuppel erinnert das Rathaus stark an das Kapitol in Washington. Es wurde zum Andenken an einen Besuch der Königin Victoria errichtet und entsprechend prunkvoll ausgestattet. In der *Empfangshalle*, in der viel italienischer Marmor verbaut wurde, sind auf einem Wandgemälde die Industriezweige dargestellt, die die Stadt einst reich werden ließen. 15 Jahre nach der Fertigstellung des Gebäudes im Jahre 1906 fand hier die erste Versammlung des nordirischen Parlaments statt.

Vor der City Hall steht ein *Denkmal für Königin Victoria*; an der Ostseite erinnert das Titanic-Denkmal an das 1912 gesunkene Passagierschiff, das in Belfast gebaut worden war. Ein Abstecher führt in die hier beginnende **Chichester Street** 2, in der sich einige großartige *georgianische Häuser* (Hausnrn. 7–11) erhalten haben – ebenso in der *Joy Street* (Hausnrn. 14–26) wenige Blocks südöstlich.

Am Donegall Square North steht die **Linenhall Library** 3 (Mo–Fr 9.30–17.30, Sa 9.30–13 Uhr, Tel. 028/90 32 17 07, www.linenhall.com), eine 1788 eröffnete Bibliothek, die über 20 000 Werke zur irischen Geschichte enthält, darunter die frühesten Druckerzeugnisse aus Ulster. Ein weiteres bedeutendes Bauwerk, das **Scottish Provident Building** 4, befindet sich auf der Westseite des Platzes. Es wurde wie das Rathaus um 1900 errichtet und zeichnet sich vor allem durch seinen Skulpturenschmuck aus.

Ein kurzer Spaziergang führt vorbei an prächtigen Bankgebäuden in die Highstreet zum **Albert Memorial Clocktower** 5. Er wurde 1865 zum Gedenken an den Prinzgemahl Königin Victorias – der nie nach Belfast kam – errichtet, und ist infolge von Bodenabsenkungen mittlerweile in eine beträchtliche Schieflage geraten.

Der Uhrturm kann nicht besichtigt werden, ebensowenig das vermietete weiße Gebäude unmittelbar nördlich, das 1852 von *Sir Charles Lanyon* gebaut wurde. Der Architekten hat das Aussehen der Stadt entscheidend mitgeprägt.

Die **St. George's Church** 6 an der Ecke zur Victoria Street ist an ihrem klassizistischen Portikus zu erkennen. Dieser gehörte ursprünglich zu einer Villa im gut 50 km entfernten Bellaghy. Deren Besitzer, der exzentrische *Earl of Bristol*, hatte nicht die Geduld, die Fertigstellung seines neuen Wohnsitzes abzuwarten, ließ den Vorbau abtragen und beim Bau der Kirche 1861 hier einsetzen.

Der Bezirk um *High Street*, *Ann Street* und *Cornmarket* ist der älteste Teil Belfasts. Er hat durch die Bombardements im Zweiten Weltkrieg stark gelitten, einige kleine Gässchen aber, die **Entries**, sind erhalten geblieben. Hier, etwas abseits der Einkaufsstraßen, gibt es einige herrliche alte **Pubs** wie das ›Morning Star‹ in *Pottinger's Entry*.

Den Queen's Square dominiert das 1852 fertig gestellte **Custom House** 7, eines von *Charles Lanyons* Bauwerken. Heute ist im Zollamt eine Sammlung von Gemälden untergebracht, die fast alle die Seefahrt zum Gegenstand haben. Die dem Lagan zugewandte Vorderfront schmücken die Skulpturen der Britannia, des Neptun und des Merkur. Ganz in der Nähe überbrücken die moderne Queen Elizabeth Bridge und wenig weiter südlich die als Lanyons erstes Belfaster Projekt errichtete **Queen's Bridge** 8 den Fluss. Nordwestlich erhebt sich in der *Donegall Street* die neoromanische **St. Anne's Cathedral** 9 aus der Zeit um 1900. Sehenswert ist das Deckenmosaik

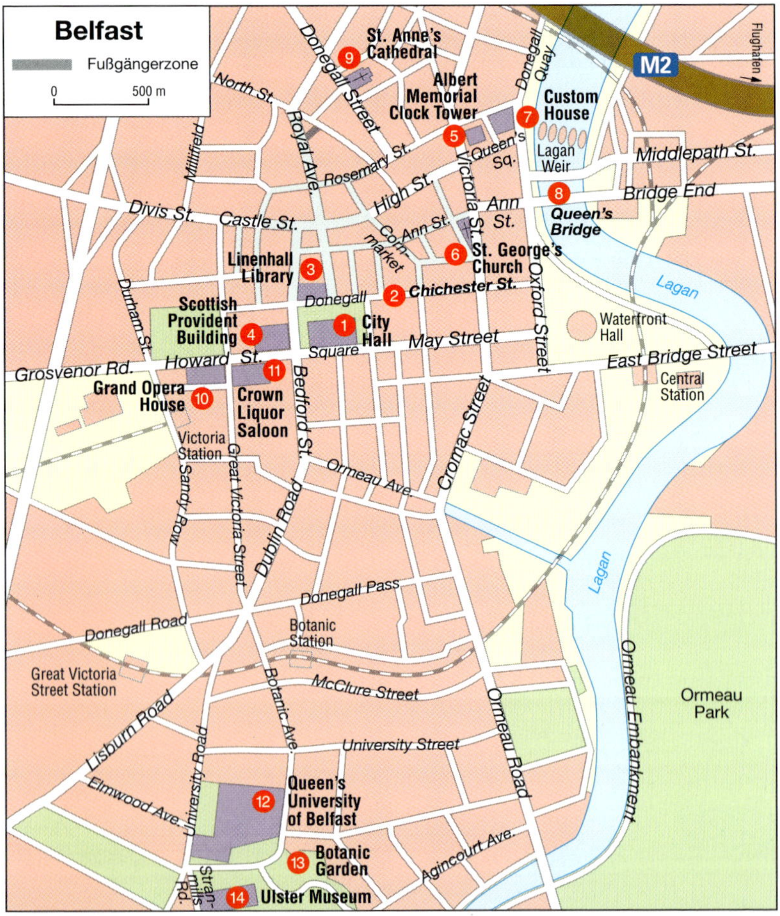

Wirtshaus und nationale Sehenswürdigkeit: Im Crown Liquor Saloon isst und trinkt man in gepflegter Atmosphäre gleich vis-à-vis des Opernhauses

in der Taufkapelle mit einer Darstellung der Schöpfungsgeschichte.

Mittelpunkt des Belfaster Nachtlebens ist die *Great Victoria Street*, die zum Universitätsviertel führt. An ihrem Anfang südwestlich der City Hall fällt das 1895 eröffnete **Grand Opera House** 10 ins Auge, das vor allem dank seiner aufwendigen Innenarchitektur zu den prächtigsten Opernhäusern Europas zählt. Mit der gleichen Berechtigung darf der TOP TIPP **Crown Liquor Saloon** 11 (www.crownbar.com) gegenüber als eines der stilvollsten Wirtshäuser gelten. Das Originalinterieur aus viktorianischer Zeit – Schnitzereien aus Mahagoniholz, mosaikverzierte Wände, Buntglas, Gaslaternen – steht unter Denkmalschutz.

Für das äußere Erscheinungsbild der **Queen's University of Belfast** 12 ist wiederum weitgehend Charles Lanyon verantwortlich. Er gestaltete das Hauptgebäude um 1845 nach dem Vorbild des Magdalen College in Oxford. Etwa 25 000 Studenten sind an dieser renommiertesten Ausbildungsstätte Nordirlands eingeschrieben.

An das Gelände der Universität schließt sich der **Botanic Garden** 13 an. Sein Prunkstück ist das 1840 vollendete *Palmenhaus*, eine gelungene Gusseisen- und Glaskonstruktion. Das TOP TIPP **Ulster Museum** 14 (www.ulstermuseum.org.uk, vorauss. bis Frühjahr 2009 geschl.), westlich des Gartens, besitzt eine ungeheure Fülle von Exponaten, u. a. zu den Themen Saurier, Mineralien, Fossilien, Vor- und Frühgeschichte, irische Kunst und Dampfmaschinen. Glanzstück der Sammlung ist der Schatz des Schiffes ›*Girona*‹, das zur spanischen Armada gehörte und in der Nähe von Giant's Causeway unterging. Teile des Wracks wurden 1968 geborgen und 1972 vom Ulster Museum angekauft.

i Praktische Hinweise

Information

Belfast Welcome Centre, 47 Donegall Place, Belfast, Tel. 028/90 24 66 09, Fax 028/90 31 24 24, www.gotobelfast.com

Hotels

*****Dukes**, 65–67 University Street, Belfast, Tel. 028/90 23 66 66, Fax 028/90 23 71 77, www.dukeshotelbelfast.com. Hotel in viktorianischem Gebäude nahe der Universität. Eigenes Restaurant und Bar.

Tara Lodge, 36 Cromwell Road, Belfast, Tel. 028/90 59 09 00, Fax 028/90 59 09 01, www.taralodge.com. Behagliches Gästehaus etwa 1 km vom Stadtzentrum entfernt.

Café

Coffee Conor, 11a Stranmillis Road, Belfast, Tel. 028/90 66 32 66. Modernes Bistro mit Künstler-Atmosphäre in der Nähe des Ulster Museum.

THE GRE
TEA ROOMS
TEA AND COFFEE
SOUP AND SANDWICHES
HOME BAKING SALADS
B&B

B&B
CHEMIST

NO
GUINNESS
JAR IN

CRAFTS

CANDLES & CARDS
YE MUST BE BORN AGAIN

SMITHWICK'S
1ST PRIZE
ALES
ESTABLISHED
1710
GUINNESS

Irland aktuell A bis Z

Vor Reiseantritt

ADAC Info-Service
Tel. 018 05/10 11 12, Fax 018 05/30 29 28 (0,14 €/Min.)

ADAC im Internet:
www.adac.de
www.adac.de/reisefuehrer

Irland im Internet:
www.tourismireland.de
www.discoverireland.com/de
www.discovernorthernireland.com

Informationen erteilen die Fremdenverkehrsämter von Tourism Ireland:

Deutschland
Irland Information, Gutleutstr. 32, 60329 Frankfurt/Main, Tel. 069/66 80 09 50 und 069/923 18 50, Fax 069/92 31 85 88, info@entdecke irland.de; Broschüren auch für Österreich und die Schweiz erhältlich

Österreich
Irland Information, Libellenweg 1, 1140 Wien, Tel. 01/501 59 60 00 (Tourist-Information in Irland, zum Ortstarif), Fax 01/911 37 65, tourismireland@aon.at

Schweiz
Irland Information, Hindergartenstr. 36, 8447 Dachsen, Tel. 04 42 10 41 53 (Tourist-Information in Irland, zum Ortstarif), Fax (s. Irland Information Frankfurt), info.ch@tourismireland.com

Die folgenden Angaben gelten für die Republik Irland und – wenn nicht anders angegeben – auch für Nordirland.

Allgemeine Informationen

Reisedokumente

Deutsche, Österreicher und Schweizer benötigen für Aufenthalte von max. drei Monaten einen *Reisepass* oder *Personalausweis*, Kinder unter 16 Jahren einen Kinderausweis oder Eintrag im Elternpass.

Kfz-Papiere

Führerschein und *Zulassungsbescheinigung Teil 1* (vormals Fahrzeugschein) sind mitzuführen. Die Mitnahme der *Internationalen Grünen Versicherungskarte* sowie der Abschluss einer *Kurzkasko*- und *Insassenunfallversicherung* werden empfohlen.

Krankenversicherung

Europäische Krankenversicherungskarte der Krankenkasse; empfohlen wird der Abschluss einer Auslandsreisekrankenversicherung mit unbeschränkter Kostenübernahme.

Hund und Katze

Erforderlich ist der *EU-Heimtierausweis* mit Kennzeichnung des Tieres durch einen Mikrochip. Außerdem können Tiere nur unter folgenden Voraussetzungen eingeführt werden (Achtung: 7 Monate Vorbereitungszeit!): Ein Tierarzt muss einen Mikrochip einpflanzen und das Tier gegen Tollwut impfen (30 Tage danach Blutprobe, dann 6 Monate Wartezeit). 24–48 Stunden vor Einreise Behandlung des Tieres auf Bandwürmer und Zecken.

Ohne diese Voraussetzungen benötigt das Tier eine Einfuhrgenehmigung und muss 6 Monate in Quarantäne.

Zollbestimmungen

Reisebedarf für den persönlichen Gebrauch darf abgabefrei eingeführt werden. Richtmengen: 800 Zigaretten, 400 Zigarillos, 200 Zigarren, 1kg Tabak, 10 l Spirituosen, 20 l Zwischenerzeugnisse, 90 l Wein (davon max. 60 l Schaumwein), 110 l Bier. Die Einfuhr von Fleisch, Milchprodukten und Gemüse ist verboten.

Geld

In der Republik Irland hat der Euro das irische Pfund abgelöst, in Nordirland gilt weiterhin das britische Pfund.

Die gängigen *Kreditkarten* werden in Banken, Hotels und zahlreichen Geschäften akzeptiert. An zahlreichen *EC-Geldautomaten* kann man rund um die Uhr Geld abheben.

Tourismusämter

Republik Irland
Bord Fáilte Eireann – Irish Tourist Board, Baggot St Bridge, Dublin 2, Tel. 01/602 40 00 und 01/850 23 03 30, Fax 01/602 41 00, www.discoverireland.ie

Northern Ireland Tourist Board, 16 Nassau St., Dublin 2, Tel. 01/679 19 77

Nordirland
Fáilte Ireland, 53 Castle Street, Belfast BT1 1GH, Tel. 028/90 26 55 00, Fax 028/90 26 55 15; aus der Republik: 048/90 26 55 00

Belfast Welcome Centre, 47 Donegall Place, Belfast BT1 5AD, Tel. 028/90 24 66 09, Fax 028/90 31 24 24, www.gotobelfast.com

Notruf

Einheitlicher Notruf: Tel. 112 (EU-weit, auch mobil: Polizei, Unfallrettung, Feuerwehr)

ADAC-Notrufzentrale München: Tel. 00 49/89/22 22 22 (rund um die Uhr)

ADAC-Ambulanzdienst München: Tel. 00 49/89/76 76 76 (rund um die Uhr)

ÖAMTC Schutzbrief-Nothilfe: Tel. 00 43/(0)1/251 20 00

TCS Zentrale Hilfsstelle: Tel. 00 41/(0)224 17 22 20

Pannendienst der Automobile Association (AA): Tel. 18 00/66 77 88 (rund um die Uhr), www.theaa.com

RAC Ireland: Tel. 08 00/82 82 82, www.rac.ie

Diplomatische Vertretungen

Republik Irland
Deutsche Botschaft, 31 Trimleston Avenue, Booterstown, Blackrock/Co., Dublin, Tel. 01/269 30 11 und 01/269 37 72, Fax 01/269 39 46, www.dublin.diplo.de

Österreichische Botschaft, 93 Ailesbury Road, Dublin 4, Tel. 01/269 45 77, Fax 01/283 08 60, dublin-ob@bmaa.gv.at

Schweizer Botschaft, 6 Ailesbury Road, Dublin 4, Tel. 01/218 63 82, Fax 01/218 63 83, vertretung@dub.rep.admin.ch

Nordirland
Schweizer Konsularagentur, 8, The Horse Park, Boneybefore Carrickfergus, Co. Atrim, BT38 7ED, Tel. 028/90 32 16 26

Besondere Verkehrsbestimmungen

In Irland herrscht **Linksverkehr**. Dennoch gilt ›Rechts vor links‹, sofern nicht anders beschildert ist. Um im Linksverkehr entgegenkommende Fahrzeuge nicht zu blenden, müssen **Scheinwerfer** mit asymmetrischem Licht abgeklebt oder umgestellt werden. Informationen dazu erhält man in der Betriebsanleitung des Kfz oder beim Vertragshändler.

Tempolimits (in km/h): Für Pkw, Motorräder, Wohnmobile und Gespanne innerorts 50, außerorts 80, auf Schnellstraßen 100, auf Autobahnen 120. In Nordirland werden die Höchstgeschwindigkeiten in Meilen angegeben.

Wohnmobile und **Anhänger** sind bis zu 2,5 m Breite erlaubt. Zulässige Längen: Wohnmobile 8 m, einachsige Anhänger 6,5 m (Gespanne 14 m), zweiachsige Anhänger 8 m (Gespanne 15,5 m).

Die **Promillegrenze** liegt bei 0,8, die Einhaltung wird streng überwacht.

In Irland besteht **kein LKW-Fahrverbot** an Sonn- und Feiertagen.

Die **Straßenbahn** hat stets Vorfahrt. **Privates Abschleppen** auf der Autobahn ist verboten. **Parkverbot** besteht an schwarz-gelb markierten Bordsteinen und auf Straßen mit dem Schild ›No Waiting‹.

Ortsnamen erscheinen auf Verkehrszeichen zweimal: In Englisch und in Gälisch. Entfernungen sind auf neueren Hinweistafeln in Kilometern, auf älteren in Meilen angegeben. Ist keine Maßeinheit hinzugefügt, handelt es sich um Meilen.

Stromspannung

220 Volt. Da flache dreipolige Stecker benutzt werden, sollte man sich vor der Abreise einen Adapter besorgen.

Zeit

Der Zeitunterschied zum Kontinent beträgt ganzjährig MEZ minus 1 Std.

Anreise

Auto und Fähre

Umfangreiches **Informations-** und **Kartenmaterial** erhalten Mitglieder des ADAC kostenlos unter Tel. 0 18 05/10 11 12 (0,14 €/Min.).

Direktfähren vom Kontinent nach Irland bieten *Irish Ferries* (Cherbourg/Roscoff–Rosslare, über Karl Geuther & Co, Martinistr. 58, 28195 Bremen, Tel. 04 21/176 02 18, www.irlandfaehre.de) und *Brittany Ferries* (Roscoff–Cork, Tel. 061 96/94 09 12).

Landbridge-Verbindungen (Kontinent–Großbritannien–Irland) gibt es bei *P&O North Sea Ferries* (Rotterdam/Zeebrügge–Hull), *P&O Stena Line* (Calais–Dover, Le Havre/Cherbourg–Portsmouth, Pembroke–Rosslare, Holyhead–Dublin), *Irish Ferries* (Pembroke–Rosslare, Holyhead–Dublin), *Stena Line* (Hoek von Holland–Harwich, Calais–Dover, Fishguard–Rosslare, Holyhead–Dun Laoghaire, Stranraer–Belfast) und *Swansea Cork Ferries* (Swansea–Cork).

Fähren im Internet:
www.brittanyferries.de
www.poferries.com
www.irishferries.com
www.stenaline.de
www.swanseacorkferries.com

Bahn

Tgl. Direktverbindungen zwischen Frankfurt/M. und London (Victoria Station) und von London (Euston Station) weiter nach Holyhead, wo die Fähre nach Dublin ablegt. Im **Euro-Tunnel** (Tel. 0180/5000248, www.eurotunnel.co.uk) befördert die Bahn ›Le Shuttle‹ Autos und Passagiere zwischen Calais und Folkstone; ca. alle 20 Minuten (Fahrzeit ca. 1/2 Std.).

Fahrplanauskunft:

Deutschland
Deutsche Bahn, Tel. 11861 (persönlich, gebührenpflichtig), Tel. 0800/1507090 (sprachgesteuert), www.bahn.de

Österreich
Österreichische Bundesbahn,
Tel. 051717, www.oebb.at

Schweiz
Schweizerische Bundesbahnen,
Tel. 0900300300, www.sbb.ch

Bus

Bis zu 8 x tgl. von verschiedenen deutschen Städten aus nach London und weiter nach Irland. Info und Reservierung:

Deutsche Touring, Am Römerhof 17, 60486 Frankfurt/M., Tel. 069/7903501, Fax 069/7903219, www.touring.de

Flugzeug

Lufthansa fliegt mehrmals wöchentlich von Berlin, Frankfurt, Hamburg, Köln, München und Stuttgart nach Dublin; *Aer Lingus* verkehrt zwischen Dublin und Düsseldorf, Frankfurt, München und Zürich. *Ryanair* fliegt von Frankfurt-Hahn direkt nach Shannon. Von Deutschland, Österreich und der Schweiz aus bestehen zudem Charterverbindungen. Von London Heathrow gibt es tgl. etwa 20 Verbindungen nach Belfast und Dublin.

Auf den Wochenmärkten – wie hier in Galway – werden auch Textilien verkauft

Bank, Post, Telefon

Bank

Republik Irland Mo–Fr 10–16, Do –17 Uhr, *Nordirland*: Mo–Fr 9.30–16.30, Do –17.30 Uhr geöffnet.
Bankautomaten, meist auch für Visa-, Master- und EC-Karten, sind häufig.

Post

Werktags 9–17.30 Uhr geöffnet.

Telefon

Internationale Vorwahlen:
Republik Irland 00353
Nordirland 0044
Deutschland 0049
Österreich 0043
Schweiz 0041

Es folgt die Ortsvorwahl ohne die Null.

In Irland gibt es Münz- und Kartentelefone. Karten (*Phonecards*) sind zum Preis von 4, 7 und 15 € in Postämtern und Zeitungsläden erhältlich.

Die Benutzung handelsüblicher **Mobiltelefone** ist in ganz Irland möglich. Man sollte sich jedoch vor Reiseantritt über das günstigste Netz vor Ort informieren.

Pubs sind ein wesentlicher Bestandteil irischer Alltagskultur

Pubs – Wohnstuben der Iren

Wichtig für den ausländischen Gast ist es, zu wissen, dass die Einheimischen im Pub meist nicht nur das eigene Getränk bezahlen, sondern dass das **Round system** gilt: Wer ebenfalls eine Runde ausgeben und an der nächsten dann seinerseits teilhaben will, findet ohne Probleme Anschluss. Trotz der Lockerheit, mit der dieses System gehandhabt wird, achten Iren darauf, dass jeder in etwa gleich viel ausgibt. Es gilt als unhöflich, bei der Einladung eines anderen einen doppelten Whiskey zu bestellen, während man ein kleines Glas Bier ausgibt, wenn man selbst bezahlt.

Seit 2004 ist das **Rauchen** in Pubs verboten, was ihrem Besuch aber bislang nicht geschadet hat.

In der **Republik Irland** öffnen Pubs in der Regel bereits vormittags und schenken So–Mi bis 23.30 , Do–Sa bis 0.30 Uhr aus, So 12.30–23 Uhr. In den Städten finden sich aber auch Lokale, die länger geöffnet haben. Am Karfreitag und 26. Dezember bleiben die Pubs geschlossen.

In **Nordirland** werden die Pub-Öffnungszeiten mittlerweile liberal gehandhabt, aber Alkohohl darf während der Woche nur 11.30–23, So 12.30–22 Uhr ausgeschenkt werden.

Einkaufen

Die **Geschäfte** sind Mo–Sa 9–18, Do bis 20 oder 21, So 12–17 Uhr geöffnet. Shopping Centre in den großen Städten haben häufig auch länger geöffnet, sie befinden sich aber oft an den Stadträndern und sind nur mit einem Auto zu erreichen.

Die klassischen Mitbringsel aus Irland sind Pullover, die sog. *Aran Sweaters* aus Schafwolle, Anzüge und Jacken aus Tweed, sowie gewebte Schals etc. All das wird vorwiegend in den *Craft Shops*, den Kunstgewerbeläden, angeboten.

Diese Läden führen auch das berühmte *Waterford Glass*, Töpferwaren und Gold- und Silberschmuck von oft erstaunlicher Originalität und Qualität und vieles andere mehr. In Kilkenny, Donegal, Derry und anderen Orten gibt es sogar große – und dank der vielen Hinweisschilder nicht zu übersehende – *Craft Villages* mit riesiger Auswahl.

Essen und Trinken

Die irischen Essgewohnheiten haben sich in den letzten Jahren den kontinentalen bzw. amerikansichen angeglichen. *Fish 'n Chips* sind nicht mehr so populär wie früher, Fast Food dagegen ist allgegenwärtig. In jeder Kleinstadt gibt es *Coffee Shops*, die Quiche, Pizza und andere Klassiker anbieten, auch chinesische und indische Lokale sind inzwischen weit verbreitet. In diesen ethnischen Restaurants

sowie auch an den zu Hotels gehörenden Tafeln kann man außerordentlich gut, wenn auch nicht ganz billig speisen.
Vor allem in den Städten bieten viele Pubs auch Imbisse an, die **Pub-Grubs**. Man kann diese Salate, Sandwiches oder Suppen auch am Tresen verzehren. Das gelegentlich als Nationalgericht bezeichnete **Irish Stew** (Hammelfleischeintopf) ist nur selten auf den Speisekarten zu finden; es gilt eher als Arme-Leute-Essen und wird, wenn überhaupt, meist zu Hause zubereitet. Eine wirkliche irische Spezialität ist der geräucherte Lachs, den man – vakuumverpackt – auch gut mit nach Hause nehmen kann.

Trinkgeld

In Restaurants und Hotels wird das Trinkgeld häufig mit auf die Rechnung gesetzt (*Service charge* oder *Service included*). Ansonsten ist es üblich, 10–15 % des Rechnungsbetrages zu geben. Barkeeper in Pubs und Bars bekommen kein Trinkgeld, Taxifahrer ca. 10 % des Fahrpreises.

Feste und Feiern

Auf der *gesamten irischen Insel* geltende Feiertage sind 1. Januar (Neujahr), 1. Mo im Mai (Maifeiertag), Karfreitag, Ostermontag, 25. Dezember (Weihnachten), 26. Dezember (St. Stephen's Day).

Nur in der *Republik Irland* gelten die Fest- und Feiertage: 17. März (St. Patrick's Day), 1. Mo im Juni (Juni-Feiertag), 1. Mo im Aug. (August-Feiertag), letzter Mo im Okt. (Oktober-Feiertag).

Nordirische Fest- und Feiertage sind: 12. Juli oder folgender Werktag (Jahrestag der Schlacht an der Boyne), letzter Montag im August (August-Feiertag).

Klima und Reisezeit

Das Wetter ist in Irland stets ein Thema. Die Feststellungen ›Bad day today‹ oder ›Lovely day today‹ sind eine Art Begrüßungsformel. Die Temperaturen jedoch unterliegen dank des Golfstroms nur relativ geringfügigen Schwankungen: Im Winter sinken sie nur selten und nie lange unter den Gefrierpunkt, im Sommer steigen sie kaum je über 25 °C. Wärmere Kleidung ist in Irland daher zu jeder Jahreszeit empfehlenswert.

Beinahe legendär ist der *irische Regen*, der häufig, oft aber nur heftig und kurz vom Himmel fällt. Regenschutz sollte daher stets greifbar sein. Irlands trockenste Gegend ist der Südosten, regenreichste sind Westen und Nordwesten.

Die beste **Reisezeit** ist Mitte Juni–Ende Aug., da in diesen Monaten mit den wenigsten Niederschlägen zu rechnen ist.

Klimadaten Dublin

Monat	Luft (°C) min./max.	Sonnen-std./Tag	Regen-tage
Januar	2/ 8	9	17
Februar	2/ 8	8	13
März	3/11	7	13
April	4/13	8	11
Mai	6/16	9	12
Juni	9/18	11	11
Juli	11/19	13	12
August	12/19	14	13
September	9/17	14	13
Oktober	7/14	13	15
November	4/10	12	15
Dezember	3/ 8	10	16

Kultur live

In Irland bietet alljährlich zahlreiche Themen-Festivals. Tourismusbüros händigen entsprechendene Veranstaltungskalender aus. Besonders viele Festivals finden im Westen Irlands statt.

März

Dublin: *St. Patrick's Festival* (www.stpatricksday.ie). Das 4-Tage-Spektakel erfreut Herz und Seele mit Straßentheater, Feuerwerk, Karneval und Marschmusik.

Limerick: *Limerick International Marching Bands Parade*. Entlang der O'Connell Street spielen internationale Bands; auch traditionelle Dudelsackmusik.

Mai

Galway: *Early Music Festival* (www.galwayearlymusic.com). Musik, Tanz und Kostüme aus dem 12.–17. Jh.

Kilkenny: *Kilkenny Rythm 'n' Roots Festival* (www.kilkennyroots.com). Irische und internationale Country Music.

Juli

Galway: *Galway Arts Festival* (www.galwayartsfestival.com) und *Galway Race Week* (www.galwayraces.com). Zwei Anlässe, zu denen die Stadt überläuft vor

Der Golfsport erfreut sich in Irland seit Jahren großer Beliebtheit

Lebensfreude und Besuchermassen. In keinem Fall beschränken sich die Aktivitäten auf Kunst oder Pferderennen, es wird vielmehr ein breites Programm mit diversen Veranstaltungen geboten.

Ballina: *Ballina Street & Arts Festival* (www.ballinastreetfestival.ie). Eine Woche lang Verkaufsstände, traditionelle Kostüme und Musikgruppen.

August

Tralee: *Rose of Tralee Festival* (www.roseoftralee.ie). Ein Schönheitswettbewerb, der alljährlich ausgetragen wird. An der Konkurrenz teilnehmen dürfen Frauen aus der ganzen Welt – vorausgesetzt, sie haben irische Vorfahren.

Clifden: *Connemara Pony Show* (www.cpbs.ie). Die Connemara Ponys sind kleinwüchsige Pferde, die im Westen Irlands gezüchtet werden. Die Rasse kam durch eine Kreuzung der von den Kelten eingeführten Ponys mit spanischen Pferden zustande. Auch für Besucher ohne tiefes Interesse an Pferden ist das Treiben bei der Versteigerung der Ponys ein Erlebnis.

Kilkenny: *Kilkenny Arts Festival* (www.kilkennyarts.ie). Kunst-, Musik-, Theater- und Literaturfestival mit vielen Outdoor-Events.

September

Galway: *International Oyster Festival* (www.galwayoysterfest.com). Hier werden nicht nur Austern verspeist, sondern auch verschiedene Veranstaltungen darum herum genossen.

Sport

Angeln

Mit seinen zahlreichen Flüssen, Seen und dem offenen Meer gilt Irland, insbesondere der Nordwesten, als wahres Anglerparadies. Eine ganze Reihe von Veranstaltern organisiert spezielle *Angelferien*. Individualreisende brauchen für das Forellen- und Lachsangeln eine Lizenz. Informationen enthält die Broschüre ›Angeling in Ireland‹, die bei Irland Information angefordert werden kann. Info:

Central Fisheries Board,
Tel. 01/8842600, www.cfb.ie

Golf

Eine unter Irlandbesuchern immer populärer werdende Sportart ist das Golfspielen (www.golf.ireland.ie). Die Gäste schätzen vor allem die im Vergleich zu anderen Ländern sehr ungezwungene Atmosphäre auf den fast 300 irischen Golfplätzen. Informationen dazu enthält der jährlich erscheinende *Golfers Guide, den* Irland Information und die Touristeninformationsbüros vor Ort bereithalten.

Reiten

Reiturlaubern – Anfängern wie Fortgeschrittenen – eröffnet Irland mannigfaltige Möglichkeiten. Vor allem in Connemara und in der Grafschaft Kerry werden Reitkurse und Pony Trekking Touren angeboten. Info:

Equestrian Holidays Ireland,
P.O. Box 590, Limerick, www.ehi.ie

Segeln

Die Gewässer um Irland sind bei Seglern (www.sailingireland.com) sehr beliebt, besonders entlang der Nordküste, manche erfordern jedoch einige Erfahrung. Flauten sind sehr selten. Segelschulen führen Kurse für Anfänger und Fortgeschrittene durch, die vom *Deutschen Seglerverband* anerkannt werden.

Wandern

Das ausgedehnte Netz von Wanderwegen auf Irland hat eine Gesamtlänge von mehr als 1800 km. Die *Trails* sind allerdings nicht immer gut ausgeschildert. Weniger begangene Wege sind z.T. in schlechtem Zustand. Es empfiehlt sich die Mitnahme einer Routenbeschreibung, wie z.B. die Broschüre ›Walking Ireland‹ (www.walking.ireland.ie), die vom Irish Tourist Board herausgegeben wird. Info:

Mountaineering Council of Ireland,
Tel. 01/6251115, www.mountaineering.ie

Wassersport

Ob Wasserskifahren, Tauchen, Rudern, Windsurfen oder Wellenreiten – Irland bietet eine Vielzahl von Wassersportmöglichkeiten. Immer beliebter wird der Kanusport, da mit den schmalen Booten auch kleine Flüsse zu erkunden sind. Informationen über befahrbare Wasserwege bietet Tourism Ireland.

Statistik

Lage: Die Insel Irland liegt westlich von Großbritannien und erstreckt sich über eine Fläche von insgesamt 84116 km². Davon nimmt die Irische Republik 70273 km², Nordirland 13843 km² ein. Die größte Länge von Nord nach Süd beträgt 486 km, die größte Breite von Ost nach West 275 km.

Bevölkerung: Einer Zählung von 2006 zufolge leben 4,2 Mio. Menschen in der Irischen Republik und etwa 1,7 Mio. in Nordirland. Etwa 40% der Bevölkerung sind nicht älter als 25 Jahre, über 20% sind jünger als 15 Jahre.

Verwaltung: Die Irische Republik ist eine Parlamentarische Demokratie mit Regierungssitz in Dublin. Nordirland gehört zum Vereinigten Königreich, hat aber seit 1999 ein eigenes Regionalparlament (Assembly). Insgesamt teilt sich die Insel in die vier Provinzen Ulster, Connacht, Leinster und Muster, diese wiederum in 26 Counties (Grafschaften) und vier County-Boroughs. Von den neun Grafschaften der Provinz Ulster gehören sechs zu Nordirland.

Wirtschaft: Irland hat in den 90er-Jahren des 20. Jh. einen gewaltigen wirtschaftlichen Aufschwung erlebt. Die jährlichen Zuwachsraten des Bruttoinlandsprodukts lagen in der Regel bei 6–8%, die lange Zeit hohe Arbeitslosenquote sank im Landesdurchschnitt auf 4,5% (2004). Auch der Tourismus, der stark steigende Besucherzahlen verbucht, und das International Financial Service Centre in Dublin haben zur erfolgreichen Konjunktur beigetragen. Inzwischen hat sich das Wachstum wieder verlangsamt, liegt aber immer noch weit über dem europäischen Durchschnitt. Eine bedeutende Rolle spielt auch die Landwirtschaft.

Unterkunft

Die Palette an Unterkunftsmöglichkeiten in Irland ist groß, der Hotelstandard durchweg hoch. In der Hauptsaison (Juni–Aug.) empfiehlt es sich, bereits vor der Abreise, wenigstens aber am Vortag zu buchen. Reservierungen können bei *Go Ireland* unter www.goireland.com oder Tel. 008 00/36 98 74 12 (gebührenfrei) vorgenommen werden.

Bed & Breakfast

Die privat betriebenen, aber ebenfalls vom Irish Tourist Board überwachten Bed & Breakfast-Unterkünfte gibt es praktisch überall. Sie sind vor allem für Gäste geeignet, die preiswert und ohne größere Vorplanung reisen wollen. Infos bei:

Town and Country Homes Association, Belleek Road, Ballyshannon, Co. Donegal, Tel. 071/982 22 22, Fax 071/982 22 07, www.townandcountry.ie

oder für Nordirland bei:
Bed & Breakfast Association of Northern Ireland, Tel. 028/70 82 27 65

Camping

Wildes Zelten ist in Irland verboten. Es gibt zahlreiche von der Tourismusbehörde anerkannte, durchweg gut ausgestat-

Für Leute, die sich etwas Besonderes gönnen wollen: Schlosshotels wie das Adare Manor in der Grafschaft Limerick bieten höchste Exklusivität

tete Camping- und Wohnwagenplätze. Voranmeldung ist ratsam, ebenso die Mitnahme der *Camping Card International* (CCI), auf die mitunter Preisrabatte gewährt werden. Die ein Jahr lang gültige Karte kann bei ADAC-Geschäftsstellen beantragt werden.

Der jährlich erscheinende *ADAC-CampingCaravaning-Führer Deutschland/ Nordeuropa* (auch als CD-ROM) verzeichnet eine Auswahl geprüfter Plätze. Info:

Irish Caravan & Camping Council, PO Box 4443, Dublin 2, Fax 01/982 82 37, www.camping-ireland.ie

Farmhäuser

Die mal modern, mal georgianisch und mit Originalmöbeln ausgestatteten Höfe sind überwiegend auf die Unterbringung von Familien spezialisiert. Infos:

Irish Farmhouse Holiday, 2 Michael Street, Limerick, Tel. 061/40 07 00, Fax 061/40 07 71, www.irishfarmholidays.com

Ferienhäuser und Ferienwohnungen

Die *Irish Cottages* stehen meist gruppenweise in reizvollen Gegenden und bieten je 5–8 Personen Platz. Sie können nur wochenweise gemietet werden, sind aber für Familien eine kostengünstige Alternative. Eine frühzeitige Buchung ist unbedingt empfehlenswert.

Info Republik Irland:

Irish Cottages and Holiday Homes Association, Bracken Court, Bracken Road, Sandyford, Dublin 18, Tel 01/205 27 77, Fax 01/293 30 25, www.irishcottageholidays.com

Info Nordirland:

Northern Ireland Self-Catering Holiday Association, Tel. 028/90 43 66 32, www.nischa.com oder

The National Trust Holiday Cottages, Tel. 08448 00 20 70, www.nationaltrustcottages.co.uk

Hotels

Die Zahl der irischen Hotels ist in den vergangenen Jahren stark gestiegen. Die Irische Fremdenverkehrszentrale hat sie in Kategorien von 1–5 Sternen eingeteilt. Eine Vielzahl von Hotelgruppen unterhält Häuser in sämtlichen Landesteilen. Die Preise rangieren zwischen €55 pro Person für eine Übernachtung mit Frühstück in einem sehr einfachen Hotel und €380 aufwärts im 5-Sterne-Hotel für dieselbe Leistung. Den höchsten Standard bieten die prachtvollen **Schlosshotels** und **Herrenhäuser**. Genauere Auskünfte erteilen Reisebüros und die Irische Fremdenverkehrszentrale. Info:

Elegant Ireland, PO Box 10871, Dublin 8, Tel. 01/473 25 05, Fax 01/473 24 30, www.elegant.ie

Jugendherbergen und Hostels

Es gibt 32 **Jugendherbergen** in der Republik und sechs in Nordirland, die zum Teil ganzjährig geöffnet sind. Voraussetzung für die Aufnahme ist ein internationaler Jugendherbergsausweis; eine Altersbegrenzung besteht nicht. Vorbestellung ist erforderlich.

Info Repbulik:
An Oige – Irish Youth Hostel Association, 61 Mountjoy Street, Dublin 7, Tel. 01/830 45 55, Fax 01/830 58 08, www.anoige.ie

Info Nordirland:
Youth Hostel Association, 22 Donegall Road, Belfast BT12 5JN, Tel. 028/90 324733, Fax 028/90 43 96 99, www.hini.org.uk

Neben den konventionellen Jugendherbergen gibt es eine große Anzahl unabhängiger **Hostels**, für die kein Ausweis nötig ist. Auch hier empfiehlt es sich, während der Saison vorzubestellen. Info:

Independent Holiday Hostels, 57 Lower Gardiner St, Dublin 1, Tel. 01/836 47 00, Fax 01/836 47 10, www.hostels-ireland.com

Pensionen

Die *Guesthouses* sind kleiner als Hotels und mit 1–4 Sternen kategorisiert. Sie bieten in der Regel Zimmer ›en suite‹, d. h. mit Bad und WC. Die Preise liegen zumeist merklich unter dem üblichen Hotelniveau. Info:

Irish Hotels Federation, 13 Northbrook Road, Dublin 6, Tel. 01/497 64 59, Fax 01/497 46 13, www.irelandhotels.com

Wer auf die modernen Verkehrsmittel pfeift, kann auch mit dem Pferdewagen durch Irland zuckeln

Wenig befahrene Nebenstrecken laden zum Radwandern ein

Verkehrsmittel im Land

Bahn

Nicht überall in Irland existiert ein dichtes öffentliches Verkehrsnetz. Dublin ist mit anderen größeren Städten Irlands durch Eisenbahnlinien verbunden. Mit dem **Irish Explorer Ticket** kann man an fünf Tagen innerhalb von zwei Wochen beliebig weit fahren. Das Ticket ist an allen irischen CIE-Büros sowie auf den größeren Bahnhöfen in Irland erhältlich

Die Mitnahme von *Fahrrädern* in Zügen ist gestattet, man muss für die Drahtesel ein Extra-Ticket lösen.

Fahrplaninformationen in Irland erteilt: **Iarnród Éireann**, Tel. 18 50/36 62 22, www.irishrail.ie

In Nordirland
Das **Freedom of Northern Ireland Ticket**, ein 7-Tage-Ticket für unbegrenzte Fahrten mit allen fahrplanmäßig verkehrenden Zügen in Nordirland (April–Okt.) ist erhältlich bei: Belfast Central Rail Station, East Bridge Street, Belfast 1, Tel. 028/90 66 66 30, www.translink.co.uk

Bus

Überlandbusse sind die preiswerte Alternative zur Bahn. In Dublin befindet sich die zentrale Busstation hinter dem Custom House, in dem Block, der von Beresford Place, Store Street und Amiens Street begrenzt wird. Von hier verkehren

Leicht zu erlernen und erlebnisreich: Bootfahren auf den Wasserwegen Irlands

Busse in alle größeren Städte Irlands sowie zum Flughafen. Auskünfte erteilen:

Bus Éireann Information Bureau, Central Bus Station, Store Street, Dublin 1, Tel. 01/836 61 11, www.buseireann.ie, oder

Dublin Bus Ticket Office, 59 O'Connell Street, Dublin 1, Tel. 01/873 42 22, www.dublinbus.ie

In Nordirland
Tages- und **Wochentickets** für Touristen zur unbegrenzten Benutzung aller fahrplanmäßig verkehrenden Busse in Nordirland sind bei allen *Ulsterbus*-Stationen erhältlich.

Die **Emerald Card**, eine kombinierte Bus- und Bahnkarte, bekommt man bei:
Europa Bus Centre, Glengall Street, Belfast 1, Tel. 028/90 66 66 30

Kabinenkreuzer

Auf den Flüssen Shannon und Barrow, auf dem Grand Canal und dem Shannon-Erne-Waterway (der auch nach Nordirland führt) kann man Hunderte von Kilometern auf dem selbst gesteuerten Boot zurücklegen. Ein Bootsführerschein ist dafür nicht erforderlich. Als Mindestbesatzung der Boote werden zwei Personen verlangt, der Bootsführer muss mindestens 21 Jahre alt sein. Die Boote sind komplett eingerichtet, ihre Handhabung ist einfach.

Buchen kann man sie u. a. über:

Connoisseur & Emerald Star, c/o Crown Blue Line GmbH, Theodor-Heuss-Str. 53–63, 61118 Bad Vilbel, 061 01/557 91 60, Fax 061 01/557 91 44, www.emeraldstar.de

Mietwagen

Zahlreiche nationale und internationale Leihwagenfirmen unterhalten in den größeren Städten und auf den internationalen Flughäfen der Republik Irland und Nordirlands ihre Vertretungen. Als Mindestalter für den Fahrer haben manche Firmen 21, andere 25 Jahre festgesetzt, als Höchstalter gilt 75.

Unter anderem bieten folgende Firmen ihren Service an:

Atlas Car Rentals, Desk 1B Ankunftshalle Flughafen Dublin, Tel. 01/862 03 06, www.atlascarhire.com

South County Car Rentals, Rochestown Avenue, Dun Laoghaire, Co. Dublin, Tel. 01/235 20 30, www.countycar.ie

Die **ADAC-Autovermietung GmbH** bietet Mitgliedern über ihre Partnerunternehmen Mietwagen zu günstigen Konditionen. Buchungen (mindestens drei Tage vor Abreise) in jeder ADAC-Geschäftsstelle oder unter Tel. 018 05/31 81 81 (0,14 €/Anruf)

Unter folgenden *Zentralreservierungsnummern* nehmen Autovermieter in Deutschland Buchungen für die Republik Irland und Nordirland entgegen:

Avis, Tel. 018 05/55 77 55, www.avis.de

Sixt rent a car, Tel. 018 05/25 25 25, www.sixt.de

Europcar, Tel. 018 05/80 00 00, www.europcar.de

Hertz, Tel. 018 05/33 35 35, www.hertz.de

Grenzüberschreitungen nach Nordirland müssen den Verleihfirmen in der Regel vorher bekannt gegeben werden, sollten aber unproblematisch sein.

Wohnmobile

Gut ausgestattete Wohnmobile können sowohl für die Republik Irland als auch für Nordirland gemietet werden. Info:

Motorhome Ireland, 17 Valley Road, Banbridge, Co. Down, BT 32 4HP, Tel. 00 44/(0)28/40 62 18 00, Fax 00 44/(0)28/40 62 18 01, www.motorhome-irl.co.uk

Sprachführer

Englisch für die Reise

Das Wichtigste in Kürze

Ja/Nein	*Yes/No*
Bitte/Danke	*Please/Thank you*
In Ordnung./Einverstanden.	*All right./Agreed.*
Entschuldigung!	*Excuse me!*
Wie bitte?	*Pardon?*
Ich verstehe Sie nicht.	*I don't understand you*
Ich spreche nur wenig Englisch.	*I only speak a little English.*
Können Sie mir bitte helfen?	*Can you help me, please?*
Das gefällt mir/ Das gefällt mir nicht.	*I like that/ I don't like that.*
Ich möchte ...	*I would like ...*
Haben Sie ...?	*Do you have ...?*
Gibt es ...?	*Is there ...?*
Wie viel kostet das?/ Wie teuer ist ...?	*How much is that?*
Kann ich mit Kreditkarte bezahlen?	*Can I pay by credit card?*
Wie viel Uhr ist es?	*What time is it?*
Guten Morgen!	*Good morning!*
Guten Tag!	*Good morning!/ Good afternoon!*
Guten Abend!	*Good evening!*
Gute Nacht!	*Good night!*
Hallo! Grüß Dich!	*Hello!*
Wie ist Ihr Name, bitte?	*What's your name, please?*
Mein Name ist ...	*My name is ...*
Ich bin Deutsche(r).	*I am German.*
Ich bin aus Deutschland.	*I come form Germany.*
Wie geht es Ihnen?	*How are you?*
Auf Wiedersehen!	*Good bye!*
Tschüs!	*See you!*
gestern/heute/ morgen	*yesterday/today/ tomorrow*
am Vormittag/ am Nachmittag	*in the morning/ in the afternoon*
am Abend/ in der Nacht	*in the evening/ at night*
um 1 Uhr/ 2 Uhr ...	*at one o'clock/ at two o'clock ...*
um Viertel vor (nach) ...	*at a quarter to (past) ...*
um ... Uhr 30	*at ... thirty*
Minuten/Stunden	*minutes/hours*
Tage/Wochen	*days/weeks*
Monate/Jahre	*months/years*

Zahlen

0	*zero*	20	*twenty*
1	*one*	21	*twenty-one*
2	*two*	22	*twenty-two*
3	*three*	30	*thirty*
4	*four*	40	*forty*
5	*five*	50	*fifty*
6	*six*	60	*sixty*
7	*seven*	70	*seventy*
8	*eight*	80	*eighty*
9	*nine*	90	*ninety*
10	*ten*	100	*a (one) hundred*
11	*eleven*	200	*two hundred*
12	*twelve*	1 000	*a (one) thousand*
13	*thirteen*	2 000	*two thousand*
14	*fourteen*	10 000	*ten thousand*
15	*fifteen*	1 000 000	*a million*
16	*sixteen*	½	*a (one) half*
17	*seventeen*	¼	*a (one) quarter*
18	*eighteen*		
19	*nineteen*		

Wochentage

Montag	*Monday*
Dienstag	*Tuesday*
Mittwoch	*Wednesday*
Donnerstag	*Thursday*
Freitag	*Friday*
Samstag	*Saturday*
Sonntag	*Sunday*

Monate

Januar	*January*
Februar	*February*
März	*March*
April	*April*
Mai	*May*
Juni	*June*
Juli	*July*
August	*August*
September	*September*
Oktober	*October*
November	*November*
Dezember	*December*

Maße

Kilometer	*kilometre*
Meter	*metre*
Zentimeter	*centimetre*
Kilogramm	*kilogramme*
Pfund	*pound*
Gramm	*gramme*
Liter	*litre*

Unterwegs

Nord/Süd/West/ Ost	*north/south/west/ east*
geöffnet/ geschlossen	*open/ closed*
geradeaus/links/ rechts/zurück	*straight on/left/ right/back*
nah/weit	*near/far*
Wie weit ist es?	*How far is it?*
Wo sind die Toiletten?	*Where are the toilets?*
Wo ist die (der) nächste ... Telefonzelle/ Bank/Post/ Polizeistation/ Geldautomat?	*Where is the nearest ... telephone-box/ bank/post office/ police station/ automatic teller?*
Wo ist ... der Hauptbahnhof/ die U-Bahn/ der Flughafen/ die Bushaltestelle?	*Where is the ... main train station/ subway station/ airport/ bus stop, please?*
Wo finde ich ein(e, en)? Apotheke/ Bäckerei/ Fotoartikel/ Kaufhaus/ Lebensmittel-geschäft/ Markt?	*Where can I find a ... pharmacy/ bakery/ photo shop/ department store/ food store/ market?*
Ist das der Weg/ die Straße nach ...?	*Is this the way/ the road to ...?*
Gibt es einen anderen Weg?	*Is there another way?*
Ich möchte mit ... dem (der) Zug/Schiff/Fähre/ Flugzeug nach ... fahren.	*I would like to go to ... by ... train/ship/ferry/ airplane.*
Gilt dieser Preis für Hin- und Rückfahrt?	*Is this the round trip fare?*
Wie lange gilt das Ticket?	*How long will the ticket be valid?*
Wo ist ... das Tourismusbüro/ ein Reisebüro?	*Where is ... the tourist office/ a travel agency?*
Ich benötige eine Hotelunterkunft.	*I need hotel accommodation.*
Wo kann ich mein Gepäck lassen?	*Where can I leave my luggage?*
Ich habe meinen Koffer verloren.	*I lost my suitcase.*

Zoll, Polizei

Ich habe etwas/ nichts zu verzollen.	*I have something/ nothing to declare.*
Nur persönliche Dinge.	*Only personal belongings.*
Hier ist die Kauf-bescheinigung.	*Here is the receipt.*
Hier ist mein(e) ... Geld/ Pass/ Personalausweis/ Kfz-Schein/ Versicherungskarte.	*Here is my ... money/ passport/ ID card/ certificate of registration/ car insurance card.*
Ich fahre nach ... und bleibe ... Tage/Wochen.	*I'm going to ... to stay there for ... days/weeks.*
Ich möchte eine Anzeige erstatten.	*I would like to report an incident.*
Man hat mein(e, en)... Geld/ Tasche/ Papiere/ Schlüssel/ Fotoapparat/ Koffer/ Fahrrad gestohlen.	*They stole my ... money/ bag/ papers/ keys/ camera/ suitcase/ bicycle.*
Verständigen Sie bitte das/die Deutsche Konsulat/Botschaft.	*Please contact the German consulate/ embassy.*

Freizeit

Ich möchte ein ... Fahrrad/ Motorrad/ Surfbrett/ Mountainbike/ Boot/ Pferd ... mieten.	*I would like to rent a ... bicycle/ motorcycle/ surf board/ mountain bike/ boat/ horse.*
Gibt es ein(en) Freizeitpark/ Freibad/ Golfplatz/ Strand ... in der Nähe?	*Is there a ... theme park/ outdoor swimming pool/ golf course/ beach ... in the area?*
Wann hat ... geöffnet?	*What are the opening hours of ...?*

Bank, Post, Telefon

Ich möchte Geld wechseln.	*I would like to change money.*
Brauchen Sie meinen Ausweis?	*Do you need my passport?*
Wo soll ich unter-schreiben?	*Where should I sign?*
Ich möchte eine Telefonverbindung nach ...	*I would like to have a telephone connection with ...*
Wie lautet die Vorwahl für ...?	*What is the area code for ...?*

Wo gibt es ... Telefonkarten/ Briefmarken? — *Where can I get ... phone cards/ stamps?*
Kann ich Ihr Handy benutzen? — *May I use your mobile phone?*

Tankstelle

Wo ist die nächste Tankstelle? — *Where is the nearest petrol station?*
Ich möchte ... — *I would like ...*
Liter ... — *litres of*
Super/Diesel / bleifrei. — *star/diesel/ unleaded.*
Volltanken, bitte. — *Fill it up, please.*
Bitte, prüfen Sie ... — *Please check the ...*
den Reifendruck/ — *tire pressure/*
den Ölstand/ — *oil level/*
den Wasserstand/ — *water level/*
das Wasser für die Scheibenwisch-anlage/ — *water in the wind-screen wiper system/*
die Batterie. — *battery.*
Würden Sie bitte ... — *Would you please ...*
den Ölwechsel/ — *change the oil/*
den Radwechsel vornehmen/ — *change the tires/*
die Sicherung austauschen/ — *change the fuse/*
die Zündkerzen erneuern/ — *replace the spark plugs/*
die Zündung nachstellen? — *adjust the ignition?*

Panne

Ich habe eine Panne. — *My car's broken down.*
Der Motor startet nicht. — *The engine won't start.*
Ich habe die Schlüssel im Wagen gelassen. — *I left the keys in the car.*
Ich habe kein Benzin/ Diesel. — *I've run out of petrol/ diesel.*
Gibt es hier in der Nähe eine Werkstatt? — *Is there a garage nearby?*
Können Sie mein Auto abschleppen? — *Could you tow my car?*
Können Sie mir einen Abschleppwagen schicken? — *Could you send a tow truck?*
Können Sie den Wagen reparieren? — *Could you repair my car?*
Bis wann? — *By when?*

Mietwagen

Ich möchte ein Auto mieten. — *I would like to rent a car.*
Was kostet die Miete ... — *How much is the rent ...*
pro Tag/ — *per day/*
pro Woche/ — *per week/*
mit unbegrenzter km-Zahl/ — *including unlimited kilometres/*
mit Kasko-versicherung/ — *including compre-hensive insurance/*
mit Kaution? — *with deposit?*
Wo kann ich den Wagen zurückgeben? — *Where can I return the car?*

Unfall

Hilfe! — *Help!*
Achtung!/Vorsicht! — *Attention!/Caution!*
Rufen Sie bitte schnell ... — *This is an emergency, please call ...*
einen Krankenwagen/ — *an ambulance/*
die Polizei/ — *the police/*
die Feuerwehr. — *the fire department.*
Es war (nicht) meine Schuld. — *It was (not) my fault.*
Geben Sie mir bitte Ihren Namen und Ihre Adresse. — *Please give me your name and address.*
Ich brauche die Angaben zu Ihrer Autoversicherung. — *I need the details of your car insurance.*

Krankheit

Können Sie mir einen guten Deutsch sprechenden Arzt/ Zahnarzt empfehlen? — *Can you recommend a good German-speaking doctor/ dentist?*
Wann hat er Sprech-stunde? — *What are his office hours?*
Wo ist die nächste Apotheke? — *Where is the nearest pharmacy?*
Ich brauche ein Mittel gegen ... — *I need medication for ...*
Durchfall/ — *diarrhea/*
Halsschmerzen/ — *a sore throat/*
Fieber/ — *fever/*
Insektenstiche/ — *insect bites/*
Verstopfung/ — *constipation/*
Zahnschmerzen. — *toothache.*

Hotel

Können Sie mir bitte ein Hotel/eine Pension empfehlen? — *Could you please recommend a hotel/ Bed & Breakfast?*
Ich habe bei Ihnen ein Zimmer reserviert. — *I booked a room with you.*
Haben Sie ein ... Einzel-/Doppel-zimmer ... — *Have you got a ... single/double room ...*

mit Dusche/ Bad/WC?	*with shower/ bath/bathroom?*
für eine Nacht/ für eine Woche?	*for a night/ for a week?*
Was kostet das Zimmer mit Frühstück/ mit zwei Mahlzeiten?	*How much is the room with breakfast/ with two meals?*
Wie lange gibt es Frühstück?	*How long will break-fast be served?*
Ich möchte um ... geweckt werden.	*Please wake me up at ...*
Wie ist hier die Strom-spannung?	*What is the power voltage here?*
Ich reise heute Abend/ morgen früh ab.	*I will depart tonight/ tomorrow morning.*
Haben Sie ein Faxgerät/ einen Internetzugang/ einen Hotelsafe?	*Have you got a fax machine/ internet access/ a hotel safe?*
Nehmen Sie Kredit-karten an?	*Do you accept credit cards?*

Restaurant

Wo gibt es ein gutes/ günstiges Restaurant?	*Where is a good/ inexpensive restaurant?*
Die Speisekarte/ Getränkekarte, bitte.	*The menu/ the wine list, please.*
Ich möchte das Tages-gericht/Menü (zu...)	*I like the dish of the day (at ...).*
Welches Gericht kön-nen Sie besonders empfehlen?	*Which of the dishes can you recommend?*
Ich möchte nur eine Kleinigkeit essen.	*I only want a snack.*
Gibt es vegetarische Gerichte?	*Are there vegetarian dishes?*
Haben Sie offenen Wein?	*Do you serve wine by the glass?*
Welche alkoholfreien Getränke haben Sie?	*What soft drinks have you got?*
Haben Sie Mineral-wasser mit/ohne Kohlensäure?	*Have you got carbo-nated water/non-carbonated water?*
Das Steak bitte ... englisch/medium/ durchgebraten.	*The steak ... rare/medium/ well-done, please.*
Kann ich bitte ... ein Messer/ eine Gabel/ einen Löffel haben?	*Please can I have ... a knife/ a fork/ a spoon?*
Rechnung/Bezahlen, bitte.	*The bill, please.*

Essen und Trinken

Abendessen	*dinner*
Bier	*beer*
Birnen	*pears*
Bratkartoffeln	*fried potatoes*
Brot/Brötchen	*bread/rolls*
Butter	*butter*
Ei	*egg*
Eier mit Speck	*bacon and eggs*
Eiscreme	*ice-cream*
Erbsen	*peas*
Erdbeeren	*strawberries*
Essig	*vinegar*
Fisch	*fish*
Fleisch	*meat*
Fleischsoße	*gravy*
Frühstück	*breakfast*
Gebäck	*pastries*
Geflügel	*poultry*
Gemüse	*vegetable*
Gurke	*cucumber*
Hähnchen	*chicken*
Hammelfleisch	*mutton*
Hummer	*lobster*
Kaffee	*coffee*
Kalbfleisch	*veal*
Kartoffel	*potatoe*
Kartoffelbrei	*mashed potatoes*
Käse	*cheese*
Keks	*biscuit*
Kohl	*cabbage*
Kuchen	*cake*
Lachs	*salmon*
Lamm	*lamb*
Leber	*liver*
Maiskolben	*corn-on-the-cob*
Marmelade	*jam*
Mittagessen	*lunch*
Meeresfrüchte	*seafood*
Milch	*milk*
Mineralwasser	*mineral water*
Nieren	*kidneys*
Obst	*fruit*
Öl	*oil*
Orangenmarmelade	*marmalade*
Pfannkuchen	*pancake*
Pfeffer	*pepper*
Pfirsiche	*peaches*
Pilze	*mushrooms*
Pommes frites	*chips*
Reis	*rice*
Reh/Hirsch	*venison*
Rühreier	*scrambled eggs*
Sahne	*cream*
Salat	*salad*
Salz	*salt*
Schinken	*ham*
Schweinefleisch	*pork*
Suppe	*soup*
Thunfisch	*tuna*
Truthahn	*turkey*
Vorspeisen	*hors d'œuvres*
Wein (Weiß/Rot/Rosé)	*wine (white/red/rosé)*
Würstchen	*sausages*
Zucker	*sugar*
Zwiebeln	*onions*

ADAC Reiseführer – die besten, die wir je gemacht haben.

144 bzw. 192 Seiten, je Band 6,50 € (D), 6,70 € (A), 12,– sFr.

Ägypten
Algarve
Allgäu
Amsterdam
Andalusien
Australien
Bali & Lombok
Baltikum
Barcelona
Berlin
Bodensee
Brandenburg
Brasilien
Bretagne
Budapest
Bulg. Schwarzmeerküste
Burgund
City Guide Deutschland
City Guide Germany
Costa Brava & Costa Daurada
Côte d'Azur
Dänemark
Dominikanische Republik
Dresden
Dubai, Vereinigte Arabische Emirate, Oman
Elsass
Emilia Romagna
Florenz
Florida
Franz. Atlantikküste
Fuerteventura
Gardasee
Golf von Neapel
Gran Canaria
Hamburg
Harz
Hongkong & Macau
Ibiza & Formentera
Irland
Israel
Istrien & Kvarner Golf
Italienische Adria
Italienische Riviera
Jamaika
Kalifornien
Kanada – Der Osten
Kanada – Der Westen
Karibik
Kenia
Korfu & Ionische Inseln
Kreta
Kuba
Kroatische Küste – Dalmatien
Kykladen
Lanzarote
Leipzig
London
Madeira
Mallorca
Malta
Marokko
Mauritius & Rodrigues
Mecklenburg-Vorpommern
Mexiko
München
Neuengland
Neuseeland
New York
Niederlande
Norwegen
Oberbayern
Österreich
Paris
Peloponnes
Piemont, Lombardei, Valle d'Aosta
Polen
Portugal
Prag
Provence
Rhodos
Rom
Rügen, Hiddensee, Stralsund
Salzburg
Sardinien
Schleswig-Holstein
Schottland
Schwarzwald
Schweden
Schweiz
Sizilien
Spanien
St. Petersburg
Südafrika
Südengland
Südtirol
Sylt
Teneriffa
Tessin
Thailand
Toskana
Türkei – Südküste
Türkei – Westküste
Tunesien
Umbrien
Ungarn
USA – Südstaaten
USA – Südwest
Usedom
Venedig
Venetien & Friaul
Wien
Zypern

Weitere Titel in Vorbereitung.

ADAC Reiseführer Jubiläumsbände – Maxi-Umfang! Mini-Preis!

368 bzw. 450 Seiten, je Band 9,95 € (D), 10,25 € (A), 17,50 sFr.

Deutschland
Freizeitparadies Alpen
Italien

Weitere Titel in Vorbereitung.

ADAC Reiseführer plus – Top-Reiseführer mit perfekten Urlaubskarten.

144 bzw. 192 Seiten, je Band 8,95 € (D), 9,20 € (A), 16,80 sFr.

Ägypten
Allgäu
Amsterdam
Andalusien
Baltikum
Barcelona
Berlin
Berlin (engl.)
Bodensee
Brandenburg
Budapest
Côte d'Azur
Dänemark
Deutschland – Die schönsten Autotouren
Dresden
Französische Atlantikküste
Fuerteventura
Gardasee
Gran Canaria
Golf von Neapel 5/2008
Hamburg
Harz
Irland
Istrien & Kvarner Golf
Italienische Adria
Italienische Riviera
Kanada – Der Westen 5/2008
Kanada – Der Osten 5/2008
Kenia 5/2008
Korfu/Ionische Inseln
Kreta
Kuba
Kroatische Küste – Dalmatien
Leipzig
London
Madeira
Mallorca
Malta
Mecklenburg-Vorpommern
München
New York
Norwegen
Oberbayern
Österreich
Paris
Polen
Portugal
Prag
Rhodos
Rom
Rügen, Hiddensee, Stralsund
Salzburg
Sardinien
Schleswig-Holstein
Schwarzwald
Schweden
Schweiz
Sizilien
St. Petersburg
Südtirol
Südengland
Sylt
Teneriffa
Toskana
Tunesien
Türkei – Südküste
Türkei – Westküste
Usedom
Venedig
Wien
Zypern

Weitere Titel in Vorbereitung.

ADAC Reiseführer Audio – umfassende Information und einzigartiges Hörerlebnis.

144 bzw. 192 Seiten, mit TourSet auf CD, 9,95 € (D), 10,25 € (A), 17,50 sFr.

Berlin
Dresden
Hamburg
München
Rom
Wien

Weitere Titel in Vorbereitung.

Register

E

F

G

H

I

J

K

Impressum

Redaktionsleitung: Dr. Dagmar Walden
Lektorat, Aktualisierung: Herbert Becker, Irene Unterriker
Karten: Computerkartographie Carrle, München
Herstellung: Martina Baur
Druck, Bindung: Stürtz GmbH, Würzburg
Printed in Germany

Ansprechpartner für den Anzeigenverkauf: Kommunalverlag GmbH & Co KG, MediaCenterMünchen, Tel. 089/92 80 96 44

ISBN 978-3-89905-455-2
ISBN 978-3-89905-540-5 Reiseführer Plus

Gedruckt auf chlorfrei gebleichtem Papier

Neu bearbeitete Auflage 2008

Bildnachweis

Umschlag-Vorderseite: Ballinskelligs Bay auf der Halbinsel Iveragh, County Kerry. Foto: IFA-Bilderteam, München (Jon Arnold Images)
Umschlag-Vorderseite Reiseführer Plus: Dunluce Castle in Nordirland. Foto: Mauritius Bildagentur, Mittenwald (Edmund Nägele)

Titelseite
Oben: Muckross House bietet innen Kunst, ringsum gepflegte Gärten (Wh. v. S. 78)
Mitte: Der Klosterbezirk von Glendalough im Morgennebel. Foto: Harald Reiterer, München (Wh v. S. 55)
Unten: Newgrange beeindruckt noch heute (Wh. v. S. 47 oben)

AKG, Berlin: 24, 26 – Herbert Becker, München: 12 oben, 40, 45, 63, 62 oben, 105 – Dieter Blase, Metelen: 39, 65 (2), 107 (2), 127 – Emanuel Gronau, Weilheim/Oberbayern: 6, 6/7, 7 oben, 8 links unten, 10 links oben, 11 (2), 30/31, 32, 35, 42 unten, 49, 63, 76, 86, 88, 91 oben, 97 unten, 99, 104, 108 (2), 109 unten, 116, 117 unten, 124 links: zweites von oben; rechts: oben, drittes von oben und unten, 130 – IFA-Bilderteam, München: 16/17 (E. Nägele), Umschlagrückseite Restaurants (Glück) – Ladislav Janicek, München: Umschlagrückseite Straßen – Look, München: 10 unten (Karl Johaentges) – David Lyons, Cumbria/England: 42 oben, 44, 46, 47 (2), 74 Mitte, 77 unten, 78 unten, 83, 84 oben, 93, 128 – Mauritius Bildagentur, Mittenwald: 72 – Harald Reiterer, München: 4, 8/9, 23, 42 Mitte, 55, 89, 101 unten – Werner Richner, Saarlouis: 86, 92, 111 – Shelbourne Hotel, Dublin: Umschlagrückseite Hotels – Silvestris Fotoservice, Kastl: 87 (Rudolf Bauer) – Hubert Stadler, Buchenau: 91 unten, 97 oben, Umschlagrückseite – Süddeutscher Verlag Bilderdienst, München: 13,14 – Klaus Thiele, Warburg: 8 oben, 22, 26 (2), 28, 29, 33, 36, 37, 51, 53 (2), 62 unten, 64, 67, 72, 76 unten, 84, 94, 95 (2), 103, 109 oben, 112, 113, 115 (2), 117 oben, 119, 120, 121, 123, 124 links: unten, 133 unten, 134 – Tourism Ireland: 9 oben (Holger Leue), 27 (Dublin Tourism), 31 unten (Jaap van den Beukel) – Ullstein Bild, Berlin: 15 – Ernst Wrba, Wiesbaden: 56, 58 (2), 66, 68, 70, 74 oben und unten, 77 oben, 78 oben, 80/81, 82, 84 unten, 85, 100/101, 124 links: oben und drittes von oben; rechts: zweites von oben, 132, 133 oben

ADAC-Autovermietung
EUROPA
Mit uns kommen Sie weiter!
Wohnmobile:
Deutschlandweit mieten, europaweit reisen
Ferienmietwagen:
Zuhause buchen, am Zielort durchstarten.
Informationen und Buchung: www.adac.de/autvermietung
☎ (0 89) 76 76 20 99 und überall beim ADAC
ADAC
Besser drin. Besser dran.
VERSICHERUNG ■ TOURI
FINANZDIENSTLEISTUNG ■ MOBILITÄT